中职聋生职业指导与生涯规划

杨慎耘　侯姣蓉　◎编著

吉林人民出版社

图书在版编目（CIP）数据

中职聋生职业指导与生涯规划 / 杨慎耘，侯姣蓉编
著. — 长春：吉林人民出版社，2019.10
　ISBN 978-7-206-16475-0

　Ⅰ . ①中… Ⅱ . ①杨… ②侯… Ⅲ . ①聋哑人—职业
选择—中等专业学校—教材 Ⅳ . ①G762

　中国版本图书馆CIP数据核字（2019）第256626号

中职聋生职业指导与生涯规划
ZHONGZHI LONGSHENG ZHIYE ZHIDAO YU SHENGYA GUIHUA

编　　著：杨慎耘　侯姣蓉　　封面设计：姜　龙
责任编辑：郝晨宇
助理编辑：崔剑昆
吉林人民出版社出版发行（长春市人民大街7548号　　邮政编码：130022）
印　　刷：北京虎彩文化传播有限公司
开　　本：787mm×1092mm　　1/16
印　　张：17.5　　　　　　　字　　数：315千字
标准书号：ISBN 978-7-206-16475-0
版　　次：2022年6月第1版　　印　　次：2022年6月第1次印刷
定　　价：45.00元

如发现印装质量问题，影响阅读，请与出版社联系调换。

前　言

FOREWORD

　　如果说残疾学生是折翼的天使，那么特殊教育就是为他们插上飞翔的翅膀，特殊教育使残疾人成为社会资源，使残疾人能够自立于社会。只要我们能够立足聋生的身心特点，用心去发掘每一名中职聋生的潜能，每一名学生都能得到发展；只要我们用爱去引领每一名聋生树立正确的就业观念，他们就能够自谋生路，就一定能够为他们一生的幸福奠基。在听障、视障、智障三类残疾学生中，听障学生即聋生是非常接近于健听人的一个残疾人群，具有较强的学习能力与生活能力，很多方面与健听人是一样的。事实上，目前在聋校的高中阶段他们使用的各种课本基本都是健听人的教材，在一些学科的通识知识的学习中，其实聋生和健听人是没有太大区别的。在一般的情况下，聋生与健听人最大的区别就是聋生接受知识的渠道（或者是接受外界刺激）比健听人相对狭窄，也就是接受知识的能力相对较低，这只是一般性而言。实际上，有少数一些聋生接受知识的能力也是比较强的，我们就有一名叫廖敏福的学生，中职毕业以后上了长春大学，毕业后目前在湖南株洲的一家设计公司工作，已经晋升为设计主管，他的小团队都是健听人。再例如，长沙职业技术学院的姜冲副院长也是聋人大学生，也领导着一帮健听人开展教育教学工作，他们的工作都开展的有声有色。所以，作为聋人，不必妄自菲薄，一定要树立"我能行"的坚定信念。所以，在本书的编写中，我们没有太过注重处处都给聋人来贴标签。在一些通识内容方面我们没有硬添加"中职聋生"四字，因为那会显得很牵强。有些关于人的基本的特征，聋生与健听人并没有多大差别。事实上，目前聋校高中阶段在使用普通学校高中教材时，只是在言语表达和难易程度方面做

1

一些微处理，在知识体系方面基本是不做处理的。在本书的编写过程中，言语表达和难易程度方面都已做了一些微处理，也只是在觉得确实需要强调的地方添加了"中职聋生"四个字，大多数的地方均是以普通的学生出现。

希望本书能够在聋人就业方面发挥一定的作用，希望他们能够树立正确的就业观和创业观，也希望广大聋人朋友们能够通过本书的学习能够坚定自己的职业理想信念，自立自强，做好自己职业生涯的规划。

杨慎耘

2019年9月23日

目 录
CONTENTS

第四篇　适应职业

第五篇　职业生涯规划

第六篇　自主创业

附 录

第一篇

认识自我

权，然后知轻重；度，然后知长短。物皆然，心为甚。

——孟子

我们之所以是现在的自己，一定是与我们的过去相关。如果我们能够知道自己为什么会是现在的样子，那么，我们就能够看清很多曾经被忽略或误解的事，就能够更加客观地认识自己、了解自己。

认识自我是主观自我对客观自我的认识与评价，是自己对自己身心特征的认识，而自我评价是在这个基础上对自己做出的某种判断。正确的自我评价，对一个人的心理及其行为表现有较大影响。

人与人之间差距悬殊的原因并不是命运两个字可以概括的，最主要的是谁有清晰可行的奋斗目标。

主题一 我是谁

【活动导入】

师（女）：同学们，当我站在讲台上，我是谁？

生：老师。

师（女）：当我回到自己家里，我又是谁呢？

生：是妻子，是妈妈，是……

师（女）：当我来到森林公园，陪着六十多岁的父母亲散步时，我又是谁呢？

生：是女儿，是游客。

教师小结：一个人在不同的场合，面对不同的人时，会有不同的角色。"我是谁？"这个问题太容易回答了，我就是我自己。真是这样简单吗？不只是我们自己，还有我们身边的人，每个人在不同的生活场合，面对不同的人，都在不断地交换着自己的角色。我们怎样做才能充当好自己的角色呢？

◆◆ 性格职业适应性测试 ◆◆

在下面的100道测试题中，认为与自己相符的就画"〇"，不符的画"×"，难以决定是否相符的画"？"。在测试时，不要欺骗自己，必须坦率地进行回答。回答问题时，也不要过于深思，应凭直觉尽快做出回答。请放松心情，最大限度地摆脱各种外部环境的压力，尽量展现真实的自我。

一、测试题

1. 不喜欢在众人面前喋喋不休。（ ）

2. 性格直率、开朗。（ ）

3. 彬彬有礼，对人诚挚、殷勤。（ ）

4. 喜欢盛大和显赫的气氛。（ ）

5. 常常想说话却未能说出。（ ）

6. 能清楚地区分自己与他人。（ ）

3

7. 喜欢交际，经常帮助别人。（　　）

8. 非常讨厌举止、态度、言谈随随便便的行为。（　　）

9. 在聚会或同学会上，不躲在角落里，而是非常活跃。（　　）

10．待人接物顾虑重重，时常自问"那种待人方式和态度行不行"。（　　）

11. 喜欢思考，不喜欢到处活动。（　　）

12．性格活泼、好动。（　　）

13. 做事不慌张、不急躁，而是悠闲自在。（　　）

14. 与人交谈的方式、姿势和表情丰富、夸张。（　　）

15. 性格笨拙，不灵活、不协调。（　　）

16. 喜欢独自在安静的地方冥想。（　　）

17. 愿意在宴会上发表演说、唱歌或表演。（　　）

18. 非常厌恶不道德的事情，富有正义感，比较清高。（　　）

19. 非常想让别人重视自己的心情。（　　）

20. 味觉、嗅觉、触觉敏感。（　　）

21. 有时被人认为是难以亲近或难以理解的人。（　　）

22. 常被人称为好人或懂事的人。（　　）

23. 有时被人说成是死脑筋或理解能力较差。（　　）

24. 常被别人说"你固执己见""是有个性的人"。（　　）

25. 经常认为自己不如别人。（　　）

26. 认真、不开玩笑。（　　）

27. 做事多少有些性急。（　　）

28. 做事一丝不苟、细致周密。（　　）

29. 读到或看到什么事情容易赞同，并立即尝试。（　　）

30. 做事和决定事情时，有犹豫不决的倾向。（　　）

31. 不喜欢把自己的内心向他人敞开。（　　）

32. 善意地接受所有事物。（　　）

33. 遵守约定，不忘所受的恩惠，很讲情义。（　　）

34. 喜怒哀乐溢于言表。（　　）

35. 如果被人误解，就非常注意如何解释。（　　）

36. 看到做怪相让人发笑的同事，就认为其浅薄。（　　）

37. 常做那种在别人背后贴个标签之类的淘气事情。（　）

38. 一旦开始做什么事情，就专心致志，难以停下来。（　）

39. 如果别人在看什么，就想让其看好的地方。（　）

40. 经常紧张，心神不定，坐立不安。（　）

41. 不在意他人的说法，而是按自己的想法去行动。（　）

42. 即使相信自己的意见和主张是正确的，也不喜欢为坚持而与人争论。（　）

43. 忍耐力强，很少发火，一旦发火就很强烈。（　）

44. 不服输。运动或比赛如果输了，就感到非常窝火。（　）

45. 很注意自己身体的情况和病情。（　）

46. 非常热爱大自然。（　）

47. 经常突然觉得人世间很无聊。（　）

48. 讲话速度不快。（　）

49. 不愿落伍于流行的事情。（　）

50. 不论做何事，都没有"就这样做吧"的感觉。（　）

51. 不关心与自己无关的事情。（　）

52. 按自己的意志行事。（　）

53. 不论工作还是做自己感兴趣的事情，都能孜孜不倦、持之以恒。（　）

54. 对许多事情感兴趣，但没有持久性。（　）

55. 一做费力的事情，就感到疲劳而半途而废。（　）

56. 经常刺痛他人的伤口，或讥讽他人。（　）

57. 不拘泥已经过去的事情。（　）

58. 一旦决定的事情，就不想以后再改变。（　）

59. 认为如果能得到周围人的理解或有一个好的环境，就能进一步施展才能。（　）

60. 事情不顺利时总是后悔"要是那样做就好了"。（　）

61. 沉醉于诗歌、小说、美术和音乐世界的时间很多。（　）

62. 不断有新的事情要做，总是忙忙碌碌。（　）

63. 常常不能严谨地考虑事情或不能很好地处理事情。（　）

64. 看小说、电影或电视剧时，会感到自己是主人公。（　）

65. 看书时，很在意邻居家的收音机或电视机的声音以及汽车的噪声。（　）

66. 厌恶没有远大理想和目标、得过且过的人。（　）

67. 满不在乎地把自己的事情委托给他人。（　）

68. 不喜欢把东西借给他人或自己的东西被他人使用。（　）

69. 碰到讨厌的事情和人，就胸口作呕。（　）

70. 为一点小事就焦躁不安、愁眉不展或者担心。（　）

71. 独自一人也不寂寞，觉得一个人更轻松。（　）

72. 平日爽朗，但时常忧郁，无精打采。（　）

73. 喜欢干净，书架和桌子上都井井有条，经常打扫房间。（　）

74. 喜欢华丽的服装。（　）

75. 不愿想的事情，总盘绕在脑海中难以驱散。（　）

76. 神经敏感，但却经常误解他人的感情。（　）

77. 知识丰富，懂得幽默。（　）

78. 如对某事专心致志，在未完成之前就不能考虑其他事情，或不想其他事情。（　）

79. 经常羡慕或嫉妒他人。（　）

80. 若在旅馆、饭店或别人家住宿，就难以入睡。（　）

81. 被人称为古怪或固执的人。（　）

82. 很冒失，经常认为"糟了，这事做得太冒失了"。（　）

83. 不浪费钱和物，很节俭。（　）

84. 一被人称赞就兴奋，易受唆使。（　）

85. 总预想事情向不好的方面发展，常自寻烦恼。（　）

86. 听到他人担心和苦恼的事情，也引不起同情之心。（　）

87. 一听到可怜的话就动感情。（　）

88. 非常讨厌那种说"呀，不用那么死板"的不守规则的人。（　）

89. 崇拜名人、明星、演员和富翁等，常常幻想自己也成为那种人。（　）

90. 出门、吃饭以及就寝，不按一定的程序就坐立不安。（　）

91. 不管周围的人怎样谈笑、取闹，也会毫不介意地做自己想做的事情。（　）

92. 即使很生气，也不憎恨或怀恨在心。（　）

93. 讨厌含含糊糊，愿意彻底追究事情的原因及善恶。（　　）

94. 认为周围的人能考虑自己的事情或帮助自己就好了。（　　）

95. 办事很慎重，没有"孤注一掷，不管成败"的心态。（　　）

96. 不能忍受做错事的人。（　　）

97. 与同自己想法、思想及意见相左的人也能轻松地交往。（　　）

98. 一旦火上心头，就忘乎所以。（　　）

99. 善于社交，且对人善恶分明。（　　）

100. 对难以成眠、脸红等情况痛苦不堪；或对尖状物、高处、宽大广场或人群有恐惧的倾向。（　　）

二、计分方法

1. 画完"○""×""?"之后，请再看一遍画"○"的题目。在画"○"的题目中，把"非常相符"或"完全如此"的题目由画"○"改为画"①"。"①"的数目不多或一个没有也无妨。

2. 然后，把"○""×""?""①"填入自我诊断表（见下表）的"转记"栏中。计分时，一个"①"是3分，一个"○"是2分，一个"?"是1分，一个"×"是0分。把分数填入"分数"栏，分别计算出S，Z，E，H，N5个纵列的合计数。

3. 合计分数最多的纵列是你的主要性格。如果最高分有两个以上，即可解释为那几种性格均衡地混在一起。例如，Z与H同为最高分，就可解释为你的性格为同调型与自我显示型的"混合型"性格。

自我诊断表

S 内在型性格			Z 同调型性格			E 黏着型性格			H 自我显示型性格			N 神经质型性格		
题号	转记	分数	题号	转记	分数	题号	转记	分数	题号	转记	分数	题号	转记	分数
1			2			3			4			5		
6			7			8			9			10		
11			12			13			14			15		
16			17			18			19			20		
21			22			23			24			25		
26			27			28			29			30		

续 表

| S | | | Z | | | E | | | H | | | N | | |
| 内在型性格 | | | 同调型性格 | | | 黏着型性格 | | | 自我显示型性格 | | | 神经质型性格 | | |
题号	转记	分数	题号	转记	分数	题号	转记	分数	题号	转记	分数	题号	转记	分数
31			32			33			34			35		
36			37			38			39			40		
41			42			43			44			45		
46			47			48			49			50		
51			52			53			54			55		
56			57			58			59			60		
61			62			63			64			65		
66			67			68			69			70		
71			72			73			74			75		
76			77			78			79			80		
81			82			83			84			85		
86			87			88			89			90		
91			92			93			94			95		
96			97			98			99			100		
合计			合计			合计			合计			合计		

·◆ 气质类型测试 ◆·

心理学家把气质分为多血质、胆汁质、黏液质、抑郁质四种类型。不同气质类型的人在生活和工作中会表现出不同的心理活动和行为方式。不同职业对人的气质有特定的要求，下面六十道题，可以帮助你大致确定自己的气质类型。本测验由许多与你有关的问题组成，当你阅读题目时，请考虑是否符合你自己的实际情况和看法。请尽快填写你看完题目后的第一印象，不要在每一道题目上花费太多时间思索。题目答案无所谓对与不对，好与不好，完全不必有任何顾虑。

一、测试题

1. 做事力求稳妥，一般不做无把握的事。（　　）

　　A. 很符合　　　　　　　　B. 比较符合　　　　　　　　C. 不确定

　　D. 比较不符合　　　　　　E. 完全不符合

2. 遇到可气的事就怒不可遏，把心里话全说出来才痛快。（　　）

　　A. 很符合　　　　　　　　B. 比较符合　　　　　　　　C. 不确定

　　D. 比较不符合　　　　　　E. 完全不符合

3. 宁可一个人做事，也不愿很多人在一起。（　　）

　　A. 很符合　　　　　　　　B. 比较符合　　　　　　　　C. 不确定

　　D. 比较不符合　　　　　　E. 完全不符合

4. 到一个新环境很快就能适应。（　　）

　　A. 很符合　　　　　　　　B. 比较符合　　　　　　　　C. 不确定

　　D. 比较不符合　　　　　　E. 完全不符合

5. 厌恶那些强烈的刺激，如尖叫、噪声、危险镜头。（　　）

　　A. 很符合　　　　　　　　B. 比较符合　　　　　　　　C. 不确定

　　D. 比较不符合　　　　　　E. 完全不符合

6. 和人争吵时总是先发制人，喜欢挑衅。（　　）

　　A. 很符合　　　　　　　　B. 比较符合　　　　　　　　C. 不确定

　　D. 比较不符合　　　　　　E. 完全不符合

7. 喜欢安静的环境。（　　）

　　A. 很符合　　　　　　　　B. 比较符合　　　　　　　　C. 不确定

　　D. 比较不符合　　　　　　E. 完全不符合

8. 善于和人交往。（　　）

　　A. 很符合　　　　　　　　B. 比较符合　　　　　　　　C. 不确定

　　D. 比较不符合　　　　　　E. 完全不符合

9. 羡慕那种善于克制自己感情的人。（　　）

　　A. 很符合　　　　　　　　B. 比较符合　　　　　　　　C. 不确定

　　D. 比较不符合　　　　　　E. 完全不符合

10. 生活有规律，很少违反作息制度。（　　）

　　A. 很符合　　　　　　　　B. 比较符合　　　　　　　　C. 不确定

D. 比较不符合 　　　　　 E. 完全不符合

11. 在多数情况下心态是乐观的。（　　）

A. 很符合 　　　　　 B. 比较符合 　　　　　 C. 不确定

D. 比较不符合 　　　　　 E. 完全不符合

12. 碰到陌生人觉得很拘束。（　　）

A. 很符合 　　　　　 B. 比较符合 　　　　　 C. 不确定

D. 比较不符合 　　　　　 E. 完全不符合

13. 遇到令人气愤的事，能很好地克制自我。（　　）

A. 很符合 　　　　　 B. 比较符合 　　　　　 C. 不确定

D. 比较不符合 　　　　　 E. 完全不符合

14. 做事总是有旺盛的精力。（　　）

A. 很符合 　　　　　 B. 比较符合 　　　　　 C. 不确定

D. 比较不符合 　　　　　 E. 完全不符合

15. 遇到问题总是举棋不定，优柔寡断。（　　）

A. 很符合 　　　　　 B. 比较符合 　　　　　 C. 不确定

D. 比较不符合 　　　　　 E. 完全不符合

16. 在人群中从不觉得过分拘束。（　　）

A. 很符合 　　　　　 B. 比较符合 　　　　　 C. 不确定

D. 比较不符合 　　　　　 E. 完全不符合

17. 情绪高昂时，觉得干什么都有趣；情绪低落时，又觉得什么都没意思。（　　）

A. 很符合 　　　　　 B. 比较符合 　　　　　 C. 不确定

D. 比较不符合 　　　　　 E. 完全不符合

18. 当注意力集中于某一事物时，别的事很难使我分心。（　　）

A. 很符合 　　　　　 B. 比较符合 　　　　　 C. 不确定

D. 比较不符合 　　　　　 E. 完全不符合

19. 理解问题总比别人快。（　　）

A. 很符合 　　　　　 B. 比较符合 　　　　　 C. 不确定

D. 比较不符合 　　　　　 E. 完全不符合

20. 遇到危险情境，常有一种极度恐惧感。（　　）

A. 很符合　　　　　　　B. 比较符合　　　　　　　C. 不确定

D. 比较不符合　　　　　E. 完全不符合

21. 对学习、工作、事业怀有很高的热情。（　　）

A. 很符合　　　　　　　B. 比较符合　　　　　　　C. 不确定

D. 比较不符合　　　　　E. 完全不符合

22. 能够长时间做枯燥、单调的工作。（　　）

A. 很符合　　　　　　　B. 比较符合　　　　　　　C. 不确定

D. 比较不符合　　　　　E. 完全不符合

23. 感兴趣的事情，做起来劲头十足，否则就不想做。（　　）

A. 很符合　　　　　　　B. 比较符合　　　　　　　C. 不确定

D. 比较不符合　　　　　E. 完全不符合

24. 一点小事就能引起情绪波动。（　　）

A. 很符合　　　　　　　B. 比较符合　　　　　　　C. 不确定

D. 比较不符合　　　　　E. 完全不符合

25. 讨厌做那种需要耐心、细心的工作。（　　）

A. 很符合　　　　　　　B. 比较符合　　　　　　　C. 不确定

D. 比较不符合　　　　　E. 完全不符合

26. 与人交往不卑不亢。（　　）

A. 很符合　　　　　　　B. 比较符合　　　　　　　C. 不确定

D. 比较不符合　　　　　E. 完全不符合

27. 喜欢参加热闹的活动。（　　）

A. 很符合　　　　　　　B. 比较符合　　　　　　　C. 不确定

D. 比较不符合　　　　　E. 完全不符合

28. 爱看感情细腻、描写人物内心活动的文学作品。（　　）

A. 很符合　　　　　　　B. 比较符合　　　　　　　C. 不确定

D. 比较不符合　　　　　E. 完全不符合

29. 工作学习时间长了，常感到厌倦。（　　）

A. 很符合　　　　　　　B. 比较符合　　　　　　　C. 不确定

D. 比较不符合　　　　　E. 完全不符合

30. 不喜欢长时间谈论一个问题，愿意实际动手干。（ ）

    A. 很符合   B. 比较符合   C. 不确定

    D. 比较不符合   E. 完全不符合

31. 宁愿侃侃而谈，不愿窃窃私语。（ ）

    A. 很符合   B. 比较符合   C. 不确定

    D. 比较不符合   E. 完全不符合

32. 别人总是说我看起来闷闷不乐。（ ）

    A. 很符合   B. 比较符合   C. 不确定

    D. 比较不符合   E. 完全不符合

33. 理解问题常比别人慢些。（ ）

    A. 很符合   B. 比较符合   C. 不确定

    D. 比较不符合   E. 完全不符合

34. 疲倦时只需要短暂的休息就能精神抖擞，重新投入工作。（ ）

    A. 很符合   B. 比较符合   C. 不确定

    D. 比较不符合   E. 完全不符合

35. 心里有话宁愿自己想，不愿说出来。（ ）

    A. 很符合   B. 比较符合   C. 不确定

    D. 比较不符合   E. 完全不符合

36. 认准一个目标就希望尽快实现，不达目的，誓不罢休。（ ）

    A. 很符合   B. 比较符合   C. 不确定

    D. 比较不符合   E. 完全不符合

37. 学习、工作一段时间后，常比别人更疲倦。（ ）

    A. 很符合   B. 比较符合   C. 不确定

    D. 比较不符合   E. 完全不符合

38. 做事有些莽撞，常常不考虑后果。（ ）

    A. 很符合   B. 比较符合   C. 不确定

    D. 比较不符合   E. 完全不符合

39. 老师讲授新知识时，总希望他讲得慢些，多重复几遍。（ ）

    A. 很符合   B. 比较符合   C. 不确定

    D. 比较不符合   E. 完全不符合

40. 能够很快地忘记那些不愉快的事情。（ ）

A. 很符合   B. 比较符合   C. 不确定

D. 比较不符合   E. 完全不符合

41. 做作业或完成一件工作总比别人花的时间多。（ ）

A. 很符合   B. 比较符合   C. 不确定

D. 比较不符合   E. 完全不符合

42. 喜欢做运动量大的剧烈运动或参加各种文艺活动。（ ）

A. 很符合   B. 比较符合   C. 不确定

D. 比较不符合   E. 完全不符合

43. 不能很快地把注意力从一件事转移到另一件事上去。（ ）

A. 很符合   B. 比较符合   C. 不确定

D. 比较不符合   E. 完全不符合

44. 接受一个任务后，就希望能把它迅速完成。（ ）

A. 很符合   B. 比较符合   C. 不确定

D. 比较不符合   E. 完全不符合

45. 认为墨守成规比冒风险强些。（ ）

A. 很符合   B. 比较符合   C. 不确定

D. 比较不符合   E. 完全不符合

46. 能够同时注意几件事情。（ ）

A. 很符合   B. 比较符合   C. 不确定

D. 比较不符合   E. 完全不符合

47. 当我烦闷的时候，别人很难使我高兴起来。（ ）

A. 很符合   B. 比较符合   C. 不确定

D. 比较不符合   E. 完全不符合

48. 爱看情节跌宕起伏，激动人心的小说。（ ）

A. 很符合   B. 比较符合   C. 不确定

D. 比较不符合   E. 完全不符合

49. 对工作抱有认真严谨、始终如一的态度。（ ）

A. 很符合   B. 比较符合   C. 不确定

D. 比较不符合   E. 完全不符合

50. 和周围人的关系总相处不好。（　　）

A. 很符合　　　　　　　　B. 比较符合　　　　　　　　C. 不确定

D. 比较不符合　　　　　　E. 完全不符合

51. 喜欢复习学过的知识，重复做能熟练做的工作。（　　）

A. 很符合　　　　　　　　B. 比较符合　　　　　　　　C. 不确定

D. 比较不符合　　　　　　E. 完全不符合

52. 希望做变化大、花样多的工作。（　　）

A. 很符合　　　　　　　　B. 比较符合　　　　　　　　C. 不确定

D. 比较不符合　　　　　　E. 完全不符合

53. 小时候会背的诗歌，我似乎比别人记得清楚。（　　）

A. 很符合　　　　　　　　B. 比较符合　　　　　　　　C. 不确定

D. 比较不符合　　　　　　E. 完全不符合

54. 别人说我"语出伤人"，可我并不觉得。（　　）

A. 很符合　　　　　　　　B. 比较符合　　　　　　　　C. 不确定

D. 比较不符合　　　　　　E. 完全不符合

55. 在体育活动中，常因反应慢而落后。（　　）

A. 很符合　　　　　　　　B. 比较符合　　　　　　　　C. 不确定

D. 比较不符合　　　　　　E. 完全不符合

56. 反应敏捷、头脑机智。（　　）

A. 很符合　　　　　　　　B. 比较符合　　　　　　　　C. 不确定

D. 比较不符合　　　　　　E. 完全不符合

57. 喜欢有条理而不甚麻烦的工作。（　　）

A. 很符合　　　　　　　　B. 比较符合　　　　　　　　C. 不确定

D. 比较不符合　　　　　　E. 完全不符合

58. 兴奋的事情常使我失眠。（　　）

A. 很符合　　　　　　　　B. 比较符合　　　　　　　　C. 不确定

D. 比较不符合　　　　　　E. 完全不符合

59. 老师讲新概念，常常听不懂，但是弄懂了以后很难忘记。（　　）

A. 很符合　　　　　　　　B. 比较符合　　　　　　　　C. 不确定

D. 比较不符合　　　　　　E. 完全不符合

60. 假如工作枯燥无味，马上就会情绪低落。（　　）

A. 很符合　　　　　　　　B. 比较符合　　　　　　　　C. 不确定

D. 比较不符合　　　　　　E. 完全不符合

计分方法：很符合的计2分，比较符合的计1分，不确定的计0分，比较不符合计-1分，完全不符合计-2分。

二、确定气质类型的标准和方法

1. 把每题得分写在气质类型诊断表（见下表）中题号的括号内，然后将得分相加，算出每一列的总分。

气质类型诊断表

胆汁质	多血质	黏液质	抑郁质
2（　　）	4（　　）	1（　　）	3（　　）
6（　　）	8（　　）	7（　　）	5（　　）
9（　　）	11（　　）	10（　　）	12（　　）
14（　　）	16（　　）	13（　　）	15（　　）
17（　　）	19（　　）	18（　　）	20（　　）
21（　　）	23（　　）	22（　　）	24（　　）
27（　　）	25（　　）	26（　　）	28（　　）
31（　　）	29（　　）	30（　　）	32（　　）
36（　　）	34（　　）	33（　　）	35（　　）
38（　　）	40（　　）	39（　　）	37（　　）
42（　　）	44（　　）	43（　　）	41（　　）
48（　　）	46（　　）	45（　　）	47（　　）
50（　　）	52（　　）	49（　　）	51（　　）
54（　　）	56（　　）	55（　　）	53（　　）
58（　　）	60（　　）	57（　　）	59（　　）
合计（　　）	合计（　　）	合计（　　）	合计（　　）

2. 如果某类气质得分明显高出其他3种4分以上，则可定为该类气质。如果该类气质得分超过20分，则为典型；如果该类得分为10分～20分，则为一般型。

3. 如果两种气质类型得分接近，其相差低于3分，而且又明显高于其他两种气质4分以上，则可定为这两种气质的混合型，如胆汁质和多血质混合型、多血质和黏液质混合型、黏液质和抑郁质混合型等。

4. 3种气质得分均高于第4种气质，而且接近，则为3种气质的混合型，如多血质—胆汁质—黏液质混合型或黏液质—多血质—抑郁质混合型等。

5. 多数人的气质是一般型气质或两种气质的混合型，典型气质和三种气质混合型的人较少。

要了解自己的气质类型，可以通过日常生活中对自己的观察，或他人的评价，还可参考一些气质量表的测量结果。不过，更重要的是要认识到：气质是没有好坏之分的，只有适合与不适合之别。一般来说，各种气质类型都有其优点和缺点。

【知识要点】

一、气质与性格的关系

因气质与性格相互制约、相互影响的复杂关系，在日常生活中，人所表现的某些性格特征和气质特征难以区分，因此人们常把二者混淆起来，视为同一概念。气质是人生来就具有的心理活动的动力特征；性格是一个人在对现实的态度和行为方式中表现出来的稳定的个性心理特征。例如，人们常说某人的性格活泼、好动，某人的性子太急或者太慢，这些其实讲的都是气质特点。其实，性格和气质是个性结构中既有区别而又有联系地交织在一起的两个方面。

1. 气质与性格的区别

性格和气质二者的某些特征可能是一致的，但这不能说性格和气质等同。气质与性格的区别主要体现在3个方面：

（1）气质更多地受个体高级神经活动类型的制约，主要是先天形成的；而性格更多地受社会生活条件和教育的影响，主要是后天形成的。

（2）气质类型无所谓好坏，每个类型都具有积极的一面，也具有消极的一面。而性格是人现实的态度和行为方式比较稳定的心理特征的综合，表现为个体与社会环境的关系。它有好坏之分，能决定一个人的社会价值和取得成就的大小，具有直接的社会评价意义。

（3）由于影响气质的先天因素较多，因此，它变化较难、较慢，可塑性较小。而性格是后天形成的，由生活实践决定。影响性格的后天因素较多，它也具有稳定性的特点，但相对于气质来说它的变化较易、较快，因此，性格的可塑性较大，环境对性格的塑造作用较为明显。

2. 气质与性格的联系

气质与性格相互渗透，其联系密切而又复杂。实验表明，相同气质类型的人可以形成互不相同的性格特征，不同气质类型的人也可形成相同的性格。二者的联系有以下3种情况：

（1）气质会按照自己的动力方式影响性格，使性格具有独特的色彩。例如，同样是勤劳的性格特征，多血质的人表现为精神饱满，精力充沛；黏液质的人会表现为踏实肯干，认真仔细。同样是友善的性格特征，胆汁质的人表现为热情豪爽；抑郁质的人表现出温柔的特征。

（2）气质会影响性格的形成和发展。当某种气质与性格有较大的一致性时，就有助于性格的形成和发展，相反就会阻碍性格的形成和发展。例如，由于胆汁质和多血质的人神经过程是兴奋强于抑制，因此，他们比黏液质的人更容易形成果断、勇敢、主动的性格特征。

（3）性格对气质有重要的调节作用。由于人的性格受动机、理想和价值观、人生观等个性倾向制约，因此性格对气质也有深刻影响。在生活实践中形成的对客观现实的态度和行为方式，在一定程度上可以掩盖和改造气质，使气质服从于生活实践的要求。例如，飞行员必须具有冷静沉着、机智勇敢等性格特征。在严格的军事训练中，这些性格特征的形成就会掩盖或者改造胆汁质者容易冲动、急躁的气质特征。

二、气质与职业选择

气质是职业选择的依据之一，也是人才测评的一个重要内容。某些气质特征为一个人从事某种工作提供了有利的条件，但在一般的实践活动中，由于气质的各种特质之间可以相互补偿，因此对活动效率的影响并不明显。但一些特殊职业，如运动员、宇航员、雷达观察员等，对气质特征提出了特定的要求，必须经过气质的测验，进行严格的选拔和淘汰，才能使他们胜任这类工作。

1. 胆汁质气质与职业选择

（1）特点：胆汁质的人属兴奋型，精力旺盛，为人热忱，态度直率，在克服困难上有不可遏制和坚韧不拔的劲头。但往往考虑不周全，性子急，易爆发狂热而不能自制。其工作特点带有明显的周期性，能够以极大的热情投入工作，克服前进中的困难。但如果对工作失去信心，情绪很快就会转为沮丧、疲惫不堪。这类人很适合从事开拓性的工作，但不适宜从事稳重、细致的工作。代表人物：张飞、李逵、晴雯。

（2）适合的职业：具有这种气质的人适合做反应迅速、动作有力、应急性强、危险性较大、难度较高的工作。这类人可以成为出色的导游、营销员、节目主持人、演讲者、演员、外事接待人员等。

2. 多血质气质与职业选择

（1）特点：多血质的人有很高的灵活性，善于交际，很容易适应新环境，在集体中容易处事，朝气蓬勃，机智敏锐，适合从事反应迅速敏捷的工作和多样化、多变的工作。这类人对什么都感兴趣，但情感易变。如果事业上不顺利，其热情可能烟消云散。由于这类人机智敏感，在从事多样化和多变的工作时，成绩卓越。代表人物：韦小宝、孙悟空、王熙凤。

（2）适合的职业：这类人是职业多面手，专长多、能力强，精于调整、协调各类关系，有经营管理、分析设计和规划能力，会推销商品。他们适合的工作最广泛，如经济规划、统计、设计、商业推销、节目主持、相声、驾驶员、服务人员、医生、律师、记者、军人、公安干警等。

3. 黏液质气质与职业选择

（1）特点：黏液质的人是安详、平稳、坚定和顽强的实际劳动者，心理特征属于缄默而安静的类型。由于神经过程平衡且灵活性较差，反应较迟缓，无论环境如何变化，都能基本保持心理平衡。他们埋头苦干，不被无关的事情所分心，与人交往时，态度持重适度，不卑不亢，不爱抛头露面或夸夸其谈。凡事力求稳妥，深思熟虑，一般不做无把握的事，具有很强的自我克制能力。他们外柔内刚，沉静多思，很少露出内心的真情实感。他们行动缓慢而沉着，有板有眼，严格恪守既定的生活秩序和工作制度，心境平和，沉默少语。因此，能够高质量地完成那些要求有坚忍不拔、埋头苦干的品质和长时间的集中注意力、有条不紊的工作。其不足之处是过于拘谨，不善于随机应变，常常墨守成规，故步自封。代表人物：鲁迅、薛宝钗。

（2）适合的职业：这种气质的人最适宜从事有条理、冷静和持久的工作。他们不仅能从事学术、教育、研究、技术、医生等内向职业，而且可以活跃在政治家、外交官、商人、律师等外向型职业领域，如公务员、外科医生、教师、作家、律师、法官、管理人员、会计、出纳、情报翻译者等。

4. 抑郁质气质与职业选择

（1）特点：抑郁质的人孤僻、敏感、多愁善感、犹豫不决、优柔寡断，但是细心、谨慎、感受能力强。抑郁质的心理特征是呆板而羞涩，对事物敏感，精神上难以承受过大的精神刺激，常因微不足道的小事而情绪波动。情绪表达的方式比较少，极少在外表上流露自己的情感，但内心感受却相当深刻。这种气质的人沉静含蓄、感情专一、喜欢独处、交往拘束、性格孤僻，在友爱的集体里，可能是一个很容易相处的人，对力所能及的工作认真完成，遇事三思而后行，求稳不求快，因而显得迟缓刻板。代表人物：林黛玉。

（2）适合的职业：抑郁质的人学习工作易疲倦，在困难面前怯懦、自卑、优柔寡断，遇事多疑，往往缺乏果断和信心。抑郁质的人在只需要一个人刻苦奋斗，不需要人际交往的学术、教育、研究、医学等内在要求慎重、细致、周密思考的职业领域往往有较好发展。这种人比较适合做要求细致的工作，如机要秘书、文字校对、打字、排版、检验员、化验员、登记员、保管员、雕刻工作者、刺绣工作者等职业。

三、性格与职业

性格是人的态度和行为方面较稳定的心理特征，是个性或人格的重要组成部分。人的性格千差万别，或热情外向，或羞怯内向，或沉着冷静，或火爆急躁。职业心理学的研究表明，不同的职业对人有不同的性格要求，性格对人的事业能否成功具有较大影响，在选择职业时，应根据自己的性格，选择适合的职业。虽然每个人的性格都不能百分之百地适合某个职业，但却可以根据自己的职业倾向来培养、发展相应的职业性格。不同性格特征的人，对企业而言，决定了每个员工的工作岗位和工作业绩；对个人而言，决定着自己的事业能否成功。近年来，一些教育学、心理学研究人员根据我国的实际情况，将职业性格分为9种基本类型。

1. 变化型

这类人在新的和意外的活动或工作环境中会感到愉快，喜欢有变化的和多样化的工作，善于转移注意力和变换工作环境。适合从事的职业类型有记者、推销员、演员等。

2. 重复型

这类人适合连续不停地从事同样的工作，能够按固定的计划或进度办事，喜欢重复的、有规律的、有标准的工作。适合从事的职业类型有纺织工、机床工、印刷工、电影放映员等。

3. 服从型

这类人愿意配合别人或按别人的指示办事，而不愿意自己独立做出决策，担负责任，喜欢让他人对自己的工作负责。适合从事的职业类型有办公室职员、秘书、翻译等。

4. 独立型

这类人喜欢计划自己的活动和指导别人活动，在独立负责和富有职责的工作环境中感到愉快，喜欢对未来将要发生的事情做出决定。适合从事的职业类型有管理人员、律师、警察、侦察员等。

5. 协作型

这类人在与他人协同工作时会感到愉快，善于引导别人，并希望得到同事的喜欢。适合从事的职业类型有社会工作者、咨询人员等。

6. 劝服型

这类人喜欢设法使别人同意他们的观点，他们一般通过谈话或写作来达到目的。他们对于别人的反应有较强的判断力，并且善于影响他人的态度、观点和判断。适合从事的职业类型有辅导人员、行政人员、宣传工作者、作家等。

7. 机智型

这类人在紧张和危险的情况下能自我控制和镇定自若，沉着应付，发生意外和差错时能不慌不忙出色地完成任务。适合从事的职业类型有驾驶员、飞行员、公安干警、消防员、救生员、商务谈判人员等。

8. 自我表现型

这类人喜欢能够表现自己的爱好和个性的工作环境，可以根据自己的感情做出选择，能通过自己的工作来表现自己的思想。适合从事的职业类型有演员、诗人、音乐家、画家等。

9. 严谨型

这类人喜欢注重工作过程中各个环节、细节的精确性，愿意按一套规划和步骤把工作尽可能做得完美，倾向于严格、努力地工作，以便看到自己出色完成工作的效果。适合从事的职业类型有会计、出纳员、统计员、校对员、图书档案管理员、打字员、精算师等。

性格不是一成不变的，客观环境的变化和个人主观调节都会使性格发生改变，所以，性格与职业生涯的顺应并非绝对，是具有弹性的。绝大部分职业都同时与几种性格类型特点相吻合，而一个人也会同时具有几种职业性格类型的特点。在实际的求职过程中，应根据个人的性格与职业的要求，具体情况具体处理，不能一概而论。

问题讨论：

（1）你的性格属于什么类型？ _____

（2）你认为适合你性格的职业有哪些？ _____

四、性格及其调适

◆◆ 学汽车维修也能在汽车营销业得到发展 ◆◆

赵斌的父母看到国家鼓励汽车进入家庭，认为学汽车修理将来不愁找不到工作。口才好、爱交际的赵斌属于变化型、独立型、劝服型性格，拗不过父母，只好学了汽车专业。虽然他很努力，但总觉得汽车构造、汽车故障排除之类的课太枯燥。当知道学汽修的人如果学会推销往往能取得更好的业绩时，他高兴极了，决定今后向汽车营销方面发展。此后，他不但对那些原本觉得枯燥的课产生了兴趣，还想方设法把这些知识和销售汽车联系起来，并选学了营销方面的课程。

毕业后，赵斌找到一份汽车销售的工作。他的性格优势得到了充分发挥，业绩蒸蒸日上。毕业两年多赵斌就当上了销售部主任。

案例评析：

把择业面拓宽一点，关注一下自己所学专业的对应职业群和相关职业群，就会有"山重水复疑无路，柳暗花明又一村"的感受，有可能发现既专业对口，又符合自己性格的职业。

1. 性格对职业发展的作用

性格即一个人对事物的稳定态度和与其相适应的习惯化了的行为方式。性格分为外向型、内向型、中间型3类。

外向型的主要特征有活动性、灵活性、开放性、现实性、适应性、显示性等。这种类型的人多为开朗的乐天派，为人处世灵活多变，能较好地适应外界变化，善于与人打交道。但是，他们有时候做事马虎、松散，容易急躁。外向型的人适合从事工作内容变化较大的职业。

内向型的主要特征有安全性、规律性、伦理性、计划性、缜密性、克制性等。这种类型的人多数较严谨、有计划、讲信誉、遵守规则。但他们有时处事犹豫不决，迟迟不见行动。内向型的人能较好地处理工作内容相对固定的工作。

中间型既有外向型的一些特征，又有内向型的一些特征，所以中间型的人在职业适应性方面更宽泛。

2. 职业性格

性格对职业发展有影响，让类似"张飞"性格的人去做文员，一定会让上司头痛；让性格类似"林黛玉"的人去开拓市场，业绩肯定不太理想。同样，不同的职业也要求从业者具有与之相适应的职业性格。职业性格是人们在长期特定的职业生活中所形成的与职业相联系的比较稳定的心理特征。

事实上，大多数人兼有多种类型的职业性格，只不过有的占主导地位，有的占次要地位。同样，每一种职业要求从业者具有的性格类型也不仅限于一种。

3. 性格可以调适

性格存在可塑性，已经专业定向的中职聋生，应该按照即将从事的职业对从业者的性格要求，在日常生活、职业环境中磨炼自己，改造甚至重塑自己的性格。由于职业演变和个人发展的需要，多数人在自己的职业生涯中会多次转换职业。不同职业对从业者性格要求不同，从业者为了生存和发展的需要，必须学会调适性格的方法。通过调适性格，主动适应职业的要求，做自己职业生涯发展的主人。

在现实职场中，很多用人单位都会把刚参加工作的毕业生，安排在一线岗位上，通过基层岗位锻炼和考察他们，并以此为依据来考虑员工的发展。在个人发展过程中，从业者为了职业生涯发展，会设法转换岗位，还有可能通过转换企业即"跳槽"，来捕捉岗位变换和升迁的机会。在这个变化和发展过程中，需要按岗位对从业者性格的要求来调适性格，以适应过渡岗位的需要。可见，一个性格固化

名言：

播下一个行动，收获一种习惯；

播下一种习惯，收获一种性格；

播下一种性格，收获一种命运。

——威廉·詹姆士

的年轻人，由于难以适应发展过程中的岗位变换，在"职业选人"的现实中，职业生涯发展就会遇到难已逾越的关口。

性格的形成受人的价值观、人生观、世界观的影响，与人生经历、成长环境、家庭背景、现实刺激等多种因素有关。也就是说，人的性格实质是一种行为习惯，主要表现为对自己、对别人、对事物的态度和所采取的言行。

既然是习惯，就具有可塑性。古人云："积行成习，积习成性，积性成命。"行为心理学研究证明：同一行为经过3周以上的重复会形成习惯，经过3个月以上的重复会形成稳定的习惯。为了实现自己的梦想，中职聋生要依据首次就业岗位对从业者的性格要求，在日常学习、生活中按照习惯养成的规律，学会调适性格的方法，以调适自己的性格。要经常提醒自己，通过养成行为习惯调适性格，是职业生涯发展的需要，也是实现自己梦想的需要。我们在日常生活中会发现，许多从事同一职业的人有相似的性格。其中既有原本就适合这种职业的人，也有为了职业需要调适自己性格的人。后者自然要比前者付出得多，但努力了就一定会有回报。

·◆ 我适合做什么 ◆·

一家公司的老板准备向自己很相信的甲、乙、丙三人委以重任，让他们分别负责公司的财务管理、业务推广、策划与后勤管理工作。但究竟怎么安排呢？这位老板想出了一个主意：他安排了一次只有他自己和这三个人参加的会议。会议的内容是商谈公司的发展计划，并在开会的过程中制造了一起假火警。结果，甲见状便起身说："咱们赶快先离开，然后再想办法。"乙一言不发，马上冲到屋角去拿灭火器寻找火源。丙却坐着不动说："这里很安全，绝对不可能失火。"

面对同样的情景，三个人的反应不同。甲主张先离开危险区，说明他沉稳

老练，能使自己始终立于不败之地，表现出性格谨慎、稳重的特点；乙显然是比较勇敢、大胆且敢于冒险，表现了他性格中大胆、富于进取的一面；丙对公司的安全设施早已了如指掌，并充满信心，甚至可以说是才智过人，可能早已看穿了这个假局。

经过这一事件后，老板决定：让甲去负责财务管理，乙负责公司的业务推广，丙负责策划和公司的后勤管理工作。结果证明，这三个人的性格特征符合这三种工作的要求，他们都在各自的岗位上为公司作出了巨大的贡献。这家公司就是著名的索尼公司。

案例评析：

这个案例充分展现了性格与职业的关系。人生的第一步，就是要认识自己，唯有正确地认识自己，才能找准人生航标，驶向成功的彼岸。同样，企业也可以根据员工的性格安排工作，以便其更好地发挥自身优势。

【探索活动】

活动一：寻找我的性格特质

每个人都有自己不同的性格特质，所以每个人在生活中对人、对事、对自己、对外在环境所表现出来的适应方式也会有所不同。你的性格特质也是独一无二的，现在就来认识一下你自己吧！

具体做法：在下面的性格特质表中，将符合自己的性格特质用彩色笔涂上颜色或做上记号。

性格特质表

	·勇敢的	·有主见的	·友善的	·孝顺的	·固执的
	·有恒心的	·聪明的	·被动的	·细心的	·富有想象力的
	·有些野心的	·热心的	·爱幻想的	·负责任的	·善解人意的
性	·体贴的	·顺从的	·顾家的	·爱争辩的	·善良的
格	·有毅力的	·善交际的	·幽默的	·悲观的	·喜欢表现的
特	·冲动的	·独立的	·天真的	·搞笑的	·可爱的
质	·诚实的	·温柔的	·有条理的	·有才华的	·有同情心的
表	·脾气暴躁的	·害羞的	·真诚的	·乐观的	·缺乏想象的
	·勤劳的	·机智的	·认真的	·活泼的	·富有创意的
	·有上进心的	·爱冒险的	·容易沟通的	·情绪化的	·主动积极的
	·文静的	·讲义气的	·讲礼貌的	·其他	

活动二：听听别人怎么说（写下来）

1. 你最喜欢最信任的老师认为最能代表你的性格特质是：_____；

老师认为你的性格特质适合的职业是：_____、_____。

你自己的看法是：_____。

2. 你的好朋友认为最能代表你的性格特质是：_____；

朋友认为你的性格特质适合的职业是：_____、_____。

你自己的看法是：_____。

3. 爸爸认为最能代表你的性格特质是：_____；

爸爸认为你的性格特质适合的职业是：_____、_____。

你自己的看法是：_____。

4. 妈妈认为最能代表你的性格特质是：_____；

妈妈认为你的性格特质适合的职业是：_____、_____。

你自己的看法是：_____。

5. 你觉得最能代表你的3种性格特质是：_____、_____、_____。

6. 这3种性格特质对你在待人处事上最大的影响是：_____。

7. 你认为你的性格特质适合的职业是：_____。

8. 这3种性格特质对你要从事的职业的影响是：_____。

9. 哪些性格特质是需要发扬的？_____。

10. 哪些性格特质是需要改进的？_____。

具体的改进的措施是什么？_____。

主题 二 我喜欢干什么

【活动导入】

一、扣问心扉

•◆ 你知道你的兴趣所在吗？ ◆•

如果你对自己的兴趣还不是很清楚，试着问自己下面这些问题，看你能否通过对这些问题的回答找到自己的兴趣。

（1）你在业余时间比较喜欢的休闲活动是：_____。

（2）你参加了什么社团、俱乐部等组织：_____。

（3）你比较喜欢浏览的网站是：_____。

（4）你比较喜欢的电视节目是：_____。

（5）你比较喜欢的报刊是：_____。

（6）平时你与朋友聊天的话题是：_____。

（7）你读过的对自己有较大影响的书是：_____。

此时，你是否大致知道了自己的兴趣所在？你是否能根据自己的兴趣找到自己非常喜欢的职业目标？如果有，请按照你喜欢的程度依次写下来：

（1）_____。

（2）_____。

（3）_____。

如果没有，也不用着急，下面就让我们一起来发现自己的兴趣吧。

二、逛逛书店，看看自己喜欢什么

从自己喜欢看的书籍、杂志中，看看哪些事物会吸引自己。这样你可以发现自己的兴趣，或许也可以找到自己未来发展的方向。

阅读的具体做法如下：

（1）走进书店翻阅书籍杂志，或上网到网上书店瞧瞧，找出自己有兴趣阅读的图书类别及书籍杂志。

（2）找出自己最喜欢的5本书，并在下表中写出这些书籍吸引自己阅读的原因。

勾选自己喜欢阅读的图书类型：

☐数理化　　☐语言学习　　☐中外文学　　☐语言文字　　☐文化教育

☐少儿童书　☐计算机网络　☐考试用书　　☐漫画书籍　　☐历史地理

☐自然科学　☐军事科学　　☐休闲娱乐　　☐医疗保健　　☐经典著作

☐社会科学　☐政治法律　　☐心理励志　　☐艺术摄影　　☐舞蹈戏剧

☐美术雕刻　☐观光旅游　　☐应用科学　　☐书法篆刻　　☐财经企管

☐哲学宗教　☐农业科学　　☐音乐　　　　☐小说　　　　☐工业技术

你最喜欢阅读的5本书或杂志：

_____，原因是：_____。

_____，原因是：_____。

_____，原因是：_____。

_____，原因是：_____。

_____，原因是：_____。

你希望自己能多阅读的图书类别有哪些？

_____

_____。

在阅读的过程中，你发现的令你喜欢的职业是：_____。

你喜欢这项职业的原因是：_____

_____。

【知识要点】

一、兴趣与职业

什么是兴趣呢？兴趣是你力求认识、掌握某事物，并经常参与该活动的心理倾向。或者说，兴趣是你积极探究事物的认识倾向。你对某一种职业感兴趣，你就会对这种职业活动表现出积极肯定的态度，最大限度地发挥自己的聪明才智，并积极思考、探索和追求，使自己的职业生涯得到更快的发展。

职业兴趣是诸多兴趣中的一种，不同职业兴趣的人对不同的职业产生的心理倾向具有较大的差异。对于同一职业，有的人热烈地向往、积极地追求，有的人却无动于衷，还有的人甚至感到厌倦。一个人的职业兴趣在寻求专业或职业的过程中起着至关重要的作用。任何一个人都必须清楚地认识自己的兴趣，才能选择适合自己的职业。

具体地说，兴趣对于职业生涯的影响主要表现在以下3个方面。

1. 兴趣是你职业生涯选择的重要依据

正像你在日常生活中喜欢从事自己感兴趣的活动一样，具有一定兴趣类型的你更倾向于寻找与此有关的职业（类型），特别是在外界环境限制较小时，你更倾向于选择自己感兴趣的职业。因而，对你的兴趣或兴趣类型有了正确的评估，就可以预测或帮助你进行职业生涯的选择。

2. 兴趣可以增强你的职业生涯适应性

因为兴趣可以通过工作动机促进你能力的发挥，兴趣和能力的合理结合会大大提高工作效率。曾有人进行过研究：如果你从事自己感兴趣的职业，则能发挥你全部才能的80%～90%，而且长时间保持高效率而不感到疲劳；而如果你对所从事的工作没有兴趣，则只能发挥你全部才能的20%～30%，而且对所从事的职业易产生厌倦感，效率也不高。

3. 职业的选择由兴趣的本质性质所决定

兴趣影响你的工作满意度和稳定性，在某些情况下（如不考虑经济因素）甚至具有决定性作用。一般来说，从事自己不感兴趣的职业很难让你感到满意，并由此导致对自己所从事的工作的不稳定性。

案例

·◆ 兴趣成就未来 ◆·

"成功的真正秘诀是兴趣。"这是1957年诺贝尔物理学奖的获得者——杨振宁说的。这说明兴趣对于成功来讲是多么重要。

翻开名人的成功书籍，我发现名人的成功和他们的兴趣是息息相关的。

英国的生物学家达尔文提出了"进化论"学说，否定了唯心神造论和物种不变的观点。他的这个伟大的贡献和他从小对生物的兴趣是分不开的。达尔文从小就对昆虫十分感兴趣，对昆虫的喜爱达到了如痴如醉的程度。有一次，达尔文在郊外偶然发现了3只十分珍贵的昆虫，当时他身上没有带任何装昆虫的器皿，于是他两手各抓一只昆虫，还有一只怎么办呢？他想了想，最后把昆虫塞到了自己的嘴里。结果这只昆虫排出了有毒的分泌物，使达尔文的嘴感到又酸又辣，嘴巴红肿了起来。正是他对兴趣的执着、热爱成就了他对世人的伟大贡献。

诺贝尔生理学或医学奖的获得者——缪勒从小就对昆虫、动物有浓厚的兴趣。8岁那年爸爸带他到美国自然史博物馆参观，他对一系列马足化石的标本产生了兴趣。经过思索他明白了：食草的马为了躲避强悍的食肉动物的追捕，为了跑得更快，所以马趾进化成了今天的马蹄。有一次，缪勒摔断了腿不能出去观察小动物，他只好把毛毯穗编成各种小动物的形态。正是这种兴趣，使他发现：外界的刺激能够诱发基因的突变。因此人们称缪勒为"改变上帝意志的人"。

由此可见，兴趣对于成功是多么的重要。一个人有了良好的兴趣就像有了一条光明的人生道路，生活充满了激情。兴趣能帮助我们成就美好的未来。愿我们每个人都能找到自己的兴趣！

·◆ 兴趣相左，工作走神炸黑了脸 ◆·

小王毕业于南京航空航天大学，所学专业是航空电器。大学选择工科不是自己的本意，毕业后小王当了好几年的电子工程师。然而性格比较外向的他更希望拥有比较开放的工作环境和发展空间。由于小王对工作没兴趣，所以工作中常常走神，又因为技术工作需要绝对的耐心并且要踏实，需要整天看着机器，经常一周都说不上几句话，而这与他外向、希望与人交往的性格大相径庭。有时到了休息日他感觉自己的语言能力都退化了，话都说不利落了。一次在工作中，小王由于思想走神，把电容的正负两极接错了，使得电容内部爆炸，把脸都炸黑了。从此，他下决心转换职业，做自己感兴趣的事。经过成功跳跃，小王最终成为一名成功的拓展教练。

·◆ 兴趣是可以培养的 ◆·

小刘是甘肃一所高职院校的学生，他所学的专业是物流管理。在当初选择专业的时候，他报的第一志愿是医学类专业，但是由于医学类专业录取分数较高，他没有被录取，最后服从志愿被调剂到了现在的学校和专业。他性格比较内向，兴趣比较广泛，喜欢钻研各种东西，但是没有突出的特长。进入高校后，学院的就业指导老师根据他的问卷情况对他进行了有针对性的辅导。小刘详细了解了目前国内物流管理专业的发展状况以及发展前景，并且用心理测试工具分析了自己的性格特征以及兴趣范围。在老师的指导下，他觉得自己的个性从事管理行业还是有所欠缺，特别是自己内向的性格对将来走向社会并不具备优势，他下定决心要改变自己。

在一次学校社团招聘活动时，他毛遂自荐到团委外联部工作，结果在面试时他被拒绝了。他觉得这是一次改变自己的机会，就再次去向老师申请，最终获得了校团委的同意。从此，他积极参与组织各种社团活动，主动与同学们交往。一年下来，他的个性发生了很大的改变，变得爱与人沟通了，同时也变得更加自信了。他的高中同学遇见他时都说他变了个人，这给了小刘更大的鼓舞。到了快毕业的时候，他在选择职业时又做了一次心理测试。他发现，一些自己原来比较害怕、畏惧或者不感兴趣的职业，如与人打交道、社会服务类的工作岗位，现在已经引起了自己的兴趣。最后，他综合自己的兴趣、个性以及所学的专业知识水平，凭借自己在学校期间的经历，在一家从事外贸物流船舶代理的公司找到了业务调度员的工作。随着公司的发展，人力资源部少一个人，他根据自己的能力、兴趣，要求调到人力资源部工作，得到了领导的同意。现在，小刘在这个岗位上做得得心应手，表现很出色。

案例评析：

做自己想做的事，你才能像达尔文、缪勒和小王、小刘那样，找到真正属于自己的人生殿堂，创造自己辉煌的事业。

航空电器与拓展教练本是两个风马牛不相及的职位，都说跳槽时两个行业不能离得太远，不然会摔得很惨，但是小王却完成了一次成功的跳跃，也终于把职业与兴趣统一起来，找到了最合适的切合点，找到了自己的风向标。

小刘坚信兴趣可以培养，性格可以改变，能力可以提高，立足自己的实际情况，充分挖掘自己的潜能，通过艰苦的努力，主动适应职业对从业者的个性要求，从而创造了自己辉煌的职业生涯。

二、职业兴趣类型

职业兴趣测评最早是由霍兰德提出的，但是他的理论并不适合中国的国情。我国学者陈社育参照霍兰德的理论框架，研制了"RCCP通用人职匹配测试量表"，将职业兴趣类型分为6种，即现实型（R）、研究型（I）、艺术型（A）、社会型（S）、管理型（E）、常规型（C）。

一般来说，完全纯粹属于某一种典型类型的人并不多，大多数人除了主要表现为某一种兴趣类型外，还有可能同时具有另外一种兴趣类型的特点，这样两两交叉就形成了36种职业兴趣类型，见下表。

36种职业兴趣类型

	现实型（R）	研究型（I）	艺术型（A）	社会型（S）	管理型（E）	常规型（C）
现实型（R）	RR	IR	AR	SR	ER	CR
研究型（I）	RI	II	AI	SI	EI	CI
艺术型（A）	RA	IA	AA	SA	EA	CA
社会型（S）	RS	IS	AS	SS	ES	CS
管理型（E）	RE	IE	AE	SE	EE	CE
常规型（C）	RC	IC	AC	SC	EC	CC

表中的RR、II、AA、SS、EE、CC为典型类型，其余的都是综合类型。各种类型及其相匹配的职业类型如下：

典型现实型（RR）：进行明确的、具体的、按一定程序要求的技术性、技能性工作,如机械操作人员、电工技师、技术工人。

研究现实型(IR):具有一定科技含量的技术、技能性工作,如计算机编程人员、工程技术人员、质量检验人员。

艺术现实型(AR):需要一定艺术表现的技术或技能性工作,如雕刻、手工刺绣、家具和服装制作。

社会现实型(SR):与人打交道较多的技术或技能性工作,如出租汽车驾驶员、家电维修人员。

管理现实型(ER):需要一定管理能力的技术或技能性工作,如领航员、动物管理员。

常规现实型(CR):常规性的技术或技能性工作,如计算机操作人员、机械维护人员。

典型研究型(II):需要通过观察和科学分析而进行的系统的创造性活动的科学研究工作和理论性工作,如数学、物理等学科的研究人员、学术评论者。

现实研究型(RI):侧重于技术或技能性的科学研究工作,如机械、电子、化工行业的工程师、化学技师、研究室的实验人员。

艺术研究型(AI):艺术研究方面的工作,如文艺评论家、艺术作品编辑、艺术理论工作者。

社会研究型(SI):社会科学研究方面的工作,如社会学研究人员、心理学研究人员。

管理研究型(EI):管理研究方面的工作,如管理学科研、管理类刊物编辑。

常规研究型(CI):常规性的研究工作,如数据采集者、资料搜集人员。

典型艺术型(AA):需要通过非系统化的、自由的活动进行艺术表现的工作,如演员、诗人、作曲家、画家。

现实艺术型(RA):运用现代科技较多的艺术工作,如电视摄影师、录音师、动画制作人员。

研究艺术型(IA):具有探索性的艺术工作,如剧作家、时装艺术大师、工艺产品设计师。

社会艺术型(SA):侧重于社会交流或社会问题反映的艺术工作,如作家、播音员、广告设计、时装模特。

管理艺术型（EA）：需要有一定管理能力的艺术工作，如节目主持人、艺术教师、音乐指挥、导演。

常规艺术型（CA）：常规性的艺术工作，如化妆师、花匠。

典型社会型（SS）：需要更多时间与人打交道的说服、教育和治疗工作，如教师、公关人员、供销人员、社会活动家。

现实社会型（RS）：具有一定技术或技能的社会性工作，如护士、职业学校教师。

研究社会型（IS）：需要做些分析研究的社会性工作，如医生、大学文科教师、心理咨询人员、市场调研人员、政治思想工作者。

艺术社会型（AS）：具有一定艺术性的社会工作，如记者、律师、翻译。

管理社会型（ES）：需要有一定管理能力的社会工作，如工商行政人员、市场管理人员、公安交警。

常规社会型（CS）：常规性的公益事务工作，如环卫工作人员、工勤人员。

典型管理型（EE）：需要胆略，冒风险且承担责任的活动，主要指管理、决策方面的工作，如企业经理、金融投资者。

现实管理型（RE）：具有一定技术或技能的管理工作，如技术经理、护士长、船长。

研究管理型（IE）：侧重于分析研究的管理工作，如总工程师、总设计师、专利代理人。

艺术管理型（AE）：与艺术有关的管理工作，如广告经理、艺术领域的经纪人。

社会管理型（SE）：与社会有关的管理工作，如销售经理、公关经理。

常规管理型（CE）：常规性的管理工作，如：办公室负责人、大堂经理、领班。

典型常规型（CC）：严格按照固定的规则、方法进行重复性、习惯性的劳动，并具有一定自控能力的相关工作，如出纳员、行政办事员、图书管理员。

现实常规型（RC）：需要一定技术或技能的常规性工作，如档案资料管理员、文印人员。

研究常规型（IC）：需要经常进行一些研究分析的常规性工作，如：估价员、土地测量人员、报表制作人员、统计分析员。

艺术常规型（AC）：与艺术有关的常规性工作，如美容师、包装人员。

社会常规型（SC）：需要更多时间与人打交道的常规性工作，如售票员、营业员、接待人员、宾馆服务员。

管理常规型（EC）：需要一定管理能力的常规性工作，如机关科员、文秘人员。

那么，怎样根据你的兴趣特征确定专业方向和职业意愿呢？这里向同学们列举几种选择，以供参考：

（1）喜欢同具体事物打交道，而不善于与人交往的人，可选择诸如制图、勘测、工程技术、建筑、机械制造、财会等专业和职业。

（2）喜欢与人交往，善于适应新环境的人，可以选择行政管理、新闻、市场营销、旅游等专业和职业。

（3）愿意做有规律的工作，办事仔细，喜欢按照常规，有规律、有秩序地工作的人，可考虑选择图书管理、档案管理、信息管理、统计等专业和职业。

（4）乐于助人，办事严谨、认真的人，适合选择法律、教师、医生等职业和相应的专业。

（5）对人的行为举止和心理变化感兴趣，喜欢研究人的行为、探讨人生奥秘的人，建议选择心理学、政治学、社会学、人类学等专业和相关的教育、研究、管理职业。

（6）喜欢从大局着眼，做一些计划、规划的人，适合做行政、组织工作，如办公室、人力资源管理等。

（7）喜欢分析、推理、测试之类的活动，长于理论分析，善于独立解决问题，并通过实验获得新发现的人，适合的职业有生物、化学、物理、工程方面的研究人员等。

（8）有想象力和创造力，喜欢创新和挑战的人，适合从事一些能发挥他们创造性的工作，如演员、创作人员、设计人员、画家等。

（9）喜欢应用一定的技术操作各种机械、制造产品或者完成其他任务的人，适合从事操纵机器的技术工作，如机床工、驾驶员、飞行员等。

（10）喜欢制作能看得见、摸得着的产品，希望很快看到自己的劳动成果，从完成的产品中得到自我满足的人，适合从事一些具体的工作，如厨师、园林工、理发师、美容师、室内装饰工、畜牧养殖工等。

三、兴趣需要培养

如果在自己所学专业对应的职业群中，没有找到自己感兴趣的职业怎么办呢？在这种情况下，我们就应该先深入了解我们即将从事的职业。不了解自己即将从事的职业，就认为自己不感兴趣，是不少初入学的聋校中职学生的普遍心态。其实，对这一职业群不感兴趣，主要原因在于对这些职业不够了解。人们对于某种职业往往需要一个了解、喜欢、热爱、沉醉和奉献的过程。许许多多有成就的人并非一开始就对自己所从事的职业感兴趣，而是在后来的接触中慢慢了解这个职业，通过了解开始喜欢，在喜欢的基础上逐渐产生了对自己所从事的职业的热爱。

如果从人的习惯来说，人们总是习惯研究和关注自己感兴趣的事物。

> 名言：
> 要顺应时代的要求，适应社会变化。
> ——习近平

一是兴趣作为一种特殊的意识倾向，是人的动机产生的主要的主观原因，也是人们对自己所从事的职业活动具有创造性态度和产生创造性行为的重要条件。良好的职业兴趣可以充分挖掘人的职业潜能，推动人们进行不懈的努力和创造性的劳动，从而取得事业的成功。一般而言，兴趣可以促进人的潜能的较大发挥：①兴趣使人的主动性得到最大限度的发挥；②兴趣能使人积极地感知、观察事物，并保持持久的注意力；③兴趣可以成为学习活动的自觉动力，能够促使人进行积极的思考和大胆的探索活动；④兴趣可以调整人的情绪强度，产生肯定的、积极的情感体验，克服事业发展中的一切困难；⑤兴趣可以和想象、记忆、操作等其他智力结构共同发展。

二是兴趣是以认识和探索某种事物的需要为基础的，是人保持工作活力和提高工作效率诸多因素中最活跃的因素。人一旦对某种特定的工作产生兴趣，再枯燥的工作也会变得趣味无穷，再苦再累的劳动也会感到自得其乐，在很多时候还会产生享受般的情感体验。兴趣对提高工作效率的影响主要体现在这样几个方面：①兴趣可以全面调动人的全部精力，使人集中注意力关注一项特定的工作任务；②兴趣可以让人暂时忘掉疲劳，保持连续高效的工作干劲；③兴趣可以让人应付多变的工作环境及角色的变化，从而克服因工作及角色变换产生的不适并形成新的适应。

三是兴趣可以促进人的事业成功。由于兴趣与人长远的职业目标及成就、动机、理想、价值观等紧密地联系在一起，因此，兴趣在作用于人的职业行为时始终趋向于预期的目标，即获得事业的成功。研究表明，一个人一旦获得浓厚的职业兴趣，他对所从事的工作一定会非常执着，全身心投入。这正是人获得成功的秘诀。一个人选择的职业，如果是自己的兴趣所在，那么他就有可能选择了通向职业生涯成功的道路。

兴趣是职业发展的推动器

小郭在初中时对电器就情有独钟，兴趣课也选择了电工操作。初三毕业时，在班主任老师的指导下报考了职校相关专业。兴趣引导他勤奋学习专业基础知识，刻苦操练专业技能，学习也使他对家电行业产生了更浓厚的兴趣。中职毕业时，他以优异的成绩被市某音响专卖店录用。小郭为了更好地掌握音响原理，了解国外产品，他几年如一日，利用业余时间到音乐学院学习音乐知识，到外语学院提高外语水平，潜心钻研音响电器原理和调试维修技术。对音响的喜好，对职业的热爱，使他勤奋好问，乐在其中。小郭过硬的职业本领，热情的服务态度赢得了广大顾客的好评。工作几年来，他多次获得优秀共青团员、十佳商业营业员等称号。

案例评析：

小郭的工作经历给我们的启示是：兴趣是职业发展最好的推动器，是我们做事的前提，是决定事情成败的关键。选择自己感兴趣的

> **名言：**
> 一个深广的心灵总是把兴趣的领域推广到无数事物上去。
> ——黑格尔

职业往往能在未来的职业道路上走得更远。如果遇到不太感兴趣的职业也不要马上气馁，我们可以深层次地挖掘所从事的职业有哪些值得自己喜欢的地方，或者尝试一下能不能和自己的兴趣结合，往往能收到意想不到的效果。

广泛的兴趣不仅可以使我们的生活丰富多彩，还是一个人成才的重要因素。兴趣广博可以使人增加知识、开阔眼界，开拓思维和想象力。对于聋校的

中职学生来说，应该注意对自己即将从事的职业的兴趣的培养。

1. 增加知识储备，培养兴趣的基础

知识是兴趣产生的基础条件，因而要培养某种兴趣，就应有某种知识的积累，如要培养写诗的兴趣，就应先接触一些诗歌作品，体验一下诗歌美的意境，学习一些写诗的基本技能，这样就可能诱发出诗歌习作的兴趣来。可以说，知识越丰富的人，兴趣也越广泛；而知识贫乏的人，兴趣也是贫乏的。多搜集与自己所学专业对应的职业群的有关信息，关注它的现状和发展趋势；还要多了解本行业成功人士的先进事迹，通过真人真事感悟从事这一职业的乐趣。

2. 学好专业课

知识的积累、技能的提高是形成职业兴趣的源泉。职业兴趣是在学校职业教育影响与长期社会实践中不断发展起来的。而专业课的学习是积累专业知识、提高专业技能的过程，也是对即将从事的职业深入了解的过程。

3. 开展感兴趣的活动，培养直接兴趣

所谓直接兴趣就是人对事物或活动本身的外部特征发生的兴趣，是学生对新鲜的事物或内容在感官上产生的一种新异的刺激。这种刺激反应表现强烈但比较短暂。每上一堂新授课时，学生往往表现出极大的兴趣，而且兴趣也较容易激发，但上复习课时，学生的兴趣就大不如前，有的甚至随着教学的深入，难度的增加，而失去兴趣。直接兴趣是对活动本身感兴趣，因而要想培养这种直接兴趣，应使活动本身丰富而有趣。新颖的教学内容和有兴趣的教学方法，能激起学生学习知识的兴趣；生动的课外实践活动，能培养学生学习实践操作、动手动脑、发明创造的兴趣；开展劳动竞赛、体育比赛、文体活动，能激发学生对劳动、学习、体育、文体活动等的热情与兴趣。

4. 明确目的意义，培养间接兴趣

所谓间接兴趣就是人们对活动的结果及其重要意义有了明确认识之后所产生的兴趣。这种兴趣是由于认识到学习的意义和价值而引起的求学的状态，既有理智成分，又与个人的兴趣指向密切相关；既有远景行为，又有持久的定向作用，且不会偶遇挫折便轻易悔改。在教学中我们也不难发现这样的情形：教学生打篮球，刚开始学生表现出很高的热情，但遇到相对枯燥一点的练习，有些学生就会表现出不耐烦的样子，注意力开始不集中，感觉篮球也没有那么好玩，而参加过篮球训练，参加过重要篮球比赛的学生则并不因此感到无趣，相反，对他们来说学起来更有挑战性，更因为能够提高自己的球技而感到有意义。

从直接兴趣过渡到间接兴趣是有一个过程的，这个就是教师教授的过程，也是学生通过反复甚至枯燥的练习掌握技术，提高技能的过程。当学生利用已掌握的技能去获得运动和成功的快感，感受到体育运动的无穷魅力时，他就能对此项技能的意义产生认知，那么这就使直接兴趣和间接兴趣发生了迁移，学生的兴趣才算真正建立起来。

5. 拓展自己的兴趣范围

我们应该培养自己对众多事物的兴趣，增强自己对陌生事物的好奇心。好奇心是我们形成学习兴趣的先导。世界上各种职业是有联系的，如果我们的兴趣比较广泛，就能够留意到其他职业的成功经验，并且将其借鉴运用到自己的工作之中，从而获得或者加速我们的成功。

6. 根据自身的兴趣特点，培养优良的兴趣品质

由于所有的人所处的环境、所受的教育及主体条件各不相同，所以每个学生的兴趣都带有其自身的个性特点。因而我们应根据自身条件进行兴趣爱好的自我培养。例如，有人兴趣广泛而不集中，就应加强中心兴趣的培养；有人兴趣单一而不广泛，就应加强兴趣广泛性的培养；有人兴趣短暂易变，就应加强兴趣稳定性的培养；有人兴趣消极被动，就应加强兴趣效能性的培养；有人兴趣在网络世界，容易沉迷，那么就要加强引导，同时又要注意培养这些年轻人高尚的人格。

只有经过实践锻炼和理论提高，积累一定的工作经验后，岗位才能得到晋升。为了将来能够从事自己感兴趣的工作，我们要学会适应，并尽力做好现在所从事的工作。在从业过程中，如果我们对事业有追求，就会在当前的岗位上付出努力，从成功中获得喜悦，并且逐渐形成对这一职业的兴趣。对已经专业定向的中职聋生来说，更应该加强培养自己对即将从事的职业的兴趣。

【探索活动】

·◆· 我的职业兴趣测量 ◆·

职业兴趣测量表可以帮助你根据测试结果获知自己的人格特征更适合从事哪方面的工作。以下就是"我的职业兴趣"的测量表，请用你的第一印象作答。不必仔细推敲，答案没有对错之分，只需根据与实际情况的符合程度来判断。与实际情况相符合的得2分，不符合的得0分，难以回答的得1分。对于有些你没有机会从事的工作，你可以在假设的情形下做出判断。完成从现实型问题到常规型问题总共108道题后，分类统计每一类问题的总分，填入后面的得分表，并依次完成类型确定过程。

现实型（R）问题（1~18）：

（1）你曾经将钢笔全部拆散加以清洗并能独立地将它装起来。（　）

（2）你会用积木搭出许多造型吗？或小时候常拼七巧板吗？（　）

（3）你在中学里喜欢做实验吗？（　）

（4）你对一些动手较多的技术工作（如电工、修钟表、印照片、织毛线、绣花、剪纸等）很感兴趣吗？（　）

（5）当你家里有些东西需要小修小补时（诸如窗户关不严，凳子坏了，衣服不合身等），常常是由你来做吗？（　）

（6）你常常偷偷地去摆弄不让你摆弄的机器或机械（诸如打字机、摩托车、电梯、机床等）吗？（　）

（7）你是否深深体会到身边有一把镊指钳或老虎钳等工具，会给你提供许多便利？（　）

（8）看到老师傅在做活，你能很快地、准确地模仿吗？（　）

（9）你喜欢把一件事做完后再做另一件事吗？（　）

（10）在做事情前，你经常害怕出错，面对工作安排反复检查吗？（　）

（11）你喜欢亲自动手制作一些东西，从中得到乐趣吗？（　）

（12）你喜欢使用锤子、斧头一类的工具吗？（　）

（13）如果掌握一门手艺，并能以此为生，你会感到非常满意吗？（　）

（14）你曾渴望当一名汽车司机吗？（　）

（15）小时候，你经常把玩具拆开，把里面看个究竟吗？（　）

（16）你喜欢修理自行车、电器一类的工作吗？（　）

（17）你喜欢跟各类机械打交道吗？（　）

（18）你亲手制作或修理的东西经常令你的朋友满意吗？（　）

相符合（　）分，不符合（　）分，难以回答（　）分，小组合计得分（　）分。

研究型（I）问题（19～36）：

（19）你对电视里或单位里的智力竞赛很有兴趣吗？（　）

（20）你经常到新华书店或图书馆翻阅图书（文艺小说除外）吗？（　）

（21）学生时代你常常会主动去做一些有趣的习题吗？（　）

（22）你对一件新产品或新事物的构造或工作原理感兴趣吗？（　）

（23）当有人向你请教某事情如何做时，你总喜欢讲清内部原理，而不仅仅是操作步骤吗？（　）

（24）你常常会对一件想知道但又无法详细知道的事物想象出它将是什么或将怎么变化吗？（　）

（25）看到别人在为一个有趣的难题争论不休时，你会加入他们或者独自一人思考，直到解决为止吗？（　）

（26）看推理小说或电影时，你常常分析谁是罪犯，并且这种分析时常与最后结果相吻合吗？（　）

（27）你喜欢做一些需要运用智力的游戏吗？（　）

（28）相比而言，你更喜欢独自一人思考问题吗？（　）

（29）你的理想是当一名科学家吗？（　）

（30）你经常不停地思考某一问题，直到想出正确的答案吗？（　）

（31）你喜欢抽象思维的工作吗？（　）

（32）你喜欢解答较难的问题吗？（　）

（33）你喜欢阅读自然科学方面的书籍和杂志吗？（　）

（34）你能够做那种需要持续集中注意力的工作吗？（　）

（35）你喜欢学数学吗？（　）

（36）如果独自在实验室里做长时间的实验，你能坚持吗？（　）

相符合（　）分，不符合（　）分，难以回答（　）分，小组合计得分（　）分。

艺术型（A）问题（37～54）：

（37）你对戏剧、电影、文艺小说、音乐、美术等其中的一两个方面比较感兴趣吗？（　）

（38）你常常喜欢对文艺界的明星品头论足吗？（　）

（39）你参加过文艺演出、绘画训练或经常写诗歌、短文吗？（　）

（40）你的朋友常赞扬你把自己的房间布置得比较优雅并有品位吗？（　）

（41）你对别人的服装、外貌、家具摆设等能做出比较准确的评价吗？
（　）

（42）你认为一个人的仪表美主要是为了表现一个人对美的追求，而不是为了得到别人的赞扬或羡慕吗？（　）

（43）你觉得工作之余坐下来听听音乐、看看画册或欣赏戏剧等，是你最大的乐趣吗？（　）

（44）遇到有美术展览会、歌星演唱会等活动，你常常去观赏吗？（　）

（45）音乐能使你陶醉吗？（　）

（46）你喜欢成为人们关注的焦点吗？（　）

（47）你喜欢不时地夸耀一下自己取得的成就吗？（　）

（48）你喜欢做戏剧、音乐、歌舞、摄影等方面的工作吗？（　）

（49）你能较为准确地分析美术作品吗？（　）

（50）你爱幻想吗？（　）

（51）看情感影片或小说时，你常禁不住眼圈泛红吗？（　）

（52）当接受一项新任务后，你喜欢以自己独特的方法去完成它吗？（　）

（53）你有文艺方面的天赋吗？（　）

（54）与推理小说相比，你更喜欢言情小说吗？（　）

相符合（　）分，不符合（　）分，难以回答（　）分，小组合计得分
（　）分。

社会型（S）问题（55~72）：

（55）你常常主动给朋友写信或打电话吗？（　）

（56）你能列出5个你自认为很讲义气的朋友吗？（　）

（57）你很愿意参加学校、单位或社会团体组织的各种活动吗？（　）

（58）你看到不相识的人遇到困难时，能主动去帮助他，或向他表示同情与安慰吗？（　）

（59）你喜欢去新场所活动并结交新朋友吗？（　）

（60）对一些令人讨厌的人，你常常会由于某种理由原谅他、同情他甚至帮助他吗？（　）

（61）有些活动，虽然没有报酬，但你觉得这些活动对社会有好处，就积

极参加吗？（　　）

（62）你很注意你的仪容风度，这主要是为了让人产生良好的印象吗？
（　　）

（63）大家公认你是一位勤劳踏实、愿为大家服务的人吗？（　　）

（64）旅途中你喜欢与人交谈吗？（　　）

（65）你喜欢参加各种各样的聚会吗？（　　）

（66）你很容易结识同性朋友吗？（　　）

（67）你乐于解除别人的痛苦吗？（　　）

（68）对于社会问题，你很少持中庸的态度吗？（　　）

（69）听别人谈"家中被盗"一类的事，很容易引起你的同情吗？（　　）

（70）你通常不喜欢一个人独处吗？（　　）

（71）在工作中，你喜欢听取别人的意见吗？（　　）

（72）和一群人在一起的时候，你经常能找到恰当的话题吗？（　　）

相符合（　　）分，不符合（　　）分，难以回答（　　）分，小组合计得分
（　　）分。

管理型（E）问题（73～90）：

（73）当你有了钱后，你愿意用于投资吗？（　　）

（74）你常常能发现别人组织的活动的某些不足，并提出建议让他们改进
吗？（　　）

（75）你相信如果让你去做小本生意，一定会有所成就吗？（　　）

（76）你在上学时曾经担任过某些职务（诸如班干部、课代表等）并且自
认为干得不错吗？（　　）

．（77）你有信心去说服别人接受你的观点吗？（　　）

（78）你对一大堆的数字感到头疼吗？（　　）

（79）做一件事情时，你常常事先仔细考虑它的利弊得失吗？（　　）

（80）在别人跟你算账或讲一套理由时，你常常能换一个角度考虑，而发
现其中的漏洞吗？（　　）

（81）你曾经渴望有机会参加探险吗？（　　）

（82）你认为在管理活动中以个人的意志影响别人的行为是很有必要的
吗？（　　）

（83）如果待遇相同，你宁愿当一名商品推销员，而不愿当一名机关办事员吗？（　　）

（84）当你开始做一件事后，即使碰到再多的困难，你也执着地干下去吗？（　　）

（85）你总是主动地向别人提出自己的建议吗？（　　）

（86）你更喜欢自己下了赌注的比赛或游戏吗？（　　）

（87）和不熟悉的人交谈对你来说毫不困难吗？（　　）

（88）和别人谈判时，你不愿放弃自己的观点，是吗？（　　）

（89）在集体讨论中，你不愿保持沉默，是吗？（　　）

（90）你不愿意从事虽然工资少，但是比较稳定的职业，是吗？（　　）

相符合（　　）分，不符合（　　）分，难以回答（　　）分，小组合计得分（　　）分。

常规型（C）问题（91～108）：

（91）你能够用一两个小时坐下来抄写一份你不感兴趣的材料吗？（　　）

（92）你能按领导或老师的要求尽自己的能力做好每一件事吗？（　　）

（93）无论填报什么表格，你都非常认真吗？（　　）

（94）在讨论会上，如果不少人讲的观点与你的不同，你就不发表自己的观点了吗？（　　）

（95）你常常觉得在你周围有不少人比你更有才能吗？（　　）

（96）你喜欢重复别人已经做过的事情而不喜欢做那些要自己动脑筋摸索着干的事吗？（　　）

（97）你喜欢做那些已经很习惯了的工作，同时最好这种工作责任心小一些，工作时还能聊聊天，听听歌曲吗？（　　）

（98）你经常将非常琐碎的事情整理好吗？（　　）

（99）你总留有充裕的时间去赴约会吗？（　　）

（100）对别人借你的和你借别人的东西，你都能记得很清楚吗？（　　）

（101）你喜欢经常请示上级吗？（　　）

（102）你喜欢按部就班地完成要做的工作吗？（　　）

（103）对于急躁、爱发脾气的人，你仍能以礼相待吗？（　　）

（104）你是一个沉静而不易动感情的人吗？（　　）

（105）你喜欢把一切安排得井井有条吗？（　　）

（106）你经常收拾房间，保持房间整洁吗？（　　）

（107）你办事常常思前想后吗？（　　）

（108）每次写信你都要好好考虑，写完后至少重复看一遍吗？（　　）

相符合（　　）分，不符合（　　）分，难以回答（　　）分，小组合计得分（　　）分。

请你将上述6个部分的得分填入下表中。

得分统计

类型	得分
现实型（R）	
研究型（I）	
艺术型（A）	
社会型（S）	
管理型（E）	
常规型（C）	

根据测试统计情况，如果你在某一部分的得分明显高出其他部分，说明你属于这种典型类型的人。一般来说，综合性的兴趣特征在生活中占多数。那么我们怎样确定自己的综合特征呢？

首先，列出得分较高的两个兴趣的代号（　　）（　　）。

其次，将得分最高的兴趣类型代号的字母填入第一个括号。例如，你得分最高得是现实型，则填（R）（　　）。

再次，将得分第二的兴趣类型代号，依次填入第二个空格。如果得分第二的兴趣类型代号是I，则填（R）（I）。

最后，就可以依据这个类型代号在前面所列的职业兴趣类型中进行查阅，从而得知自己的主要职业兴趣和适合从事的职业。

主题 三 天生我材必有用

【活动导入】

◆ 心灵故事 ◆

张坤是某中职学校一年级学生。他从小胆子小，语言表达能力差，但身高、体重等方面发育却占优势。父亲因工作忙碌，与张坤的交流较少。张坤学习成绩一直不够理想，因此常受父亲的责备、打骂。初中时，张坤各方面表现都不够优秀，因此，他变得不自信、厌学。又因为一次车祸，他在家休息了3个月。期间他一直独自待在家中，很少与人交流。进入中职后，张坤开始见到陌生人就紧张，与人说话也紧张，后来发展到与异性接触和接电话时都紧张，最后发展到不愿与人交往，经常无缘由地流泪，不能与家人、同学正常交流，总感觉别人会欺负自己。

张坤的自卑和自闭，引起了班主任和心理健康老师的关注。老师们积极组织各种心理活动，让张坤在活动中体会班级的温暖和关爱。丰富多彩的心理活动使张坤学习到了与人交流的技巧。最重要的是，通过活动，张坤发现了自己的优势：虽然学习成绩不突出，但身高1.86米，是打篮球的高手。在活动中，张坤找到了自信心，慢慢愿意与同学们说话和交流了。现在，每天都在篮球场上一展身手的张坤，不再害怕和人交往了，同时也逐渐在学习中找到了自己的优势：虽然文化课不是很理想，但是动手能力强。到工厂实习时，张坤表现得越来越得心应手，还经常主动地帮助其他同学。

思考讨论：

（1）张坤是如何发现自己的优势的？对生活有什么影响？

（2）这个故事带给你怎样的启示？

【知识要点】

一、认识自己很重要

正确认识自己、不断完善自己是一件很不容易的事情。自我认识是对自己存在状态的一种觉察，也就是认识自己的一切，包括对自我的生理状况、心理特征、气质、性格、自身能力以及自己与他人的关系等方面的认识。心理学家把自我区分为主观自我和客观自我。主观自我指自己对自己的认识，例如认为自己外貌好、能力强、人际关系好，或者认为自己不聪明、不讨人喜欢等。客观自我是指"我"实际上是个什么样的人。如果我们的主观自我与客观自我相符合，就会产生积极、肯定的情感体验，表现为自尊、自信、自立、自强。如果我们不能正确认识自己，把自己看得太高就会变得狂妄自大、自命不凡，容不得他人任何批评，而且一旦遇到失败就可能使主观自我坍塌、自轻自贱；而将自己看得太轻则会产生各种消极、否定的情感体验，学习和生活打不起精神，觉得自己一无是处，从而自怜自卑、自怨自艾。那么，怎样才能获得对自己的正确认识呢？

> **名言：**
> 世界上最困难的事情就是认识自己。
> ——希腊谚语

1. 与他人比较

将自我与周围的人比较，是了解自己的一个重要途径。对于我们来说，主要是与同龄人比较。同龄人之间有许多相似之处，可以互相交流和沟通，同时互相了解得也比较透彻。但是比较不是目的，目的是通过比较来正确认识自己。

2. 与自己比较

我们可以通过与"过去的"自己比较，来认识"现在的"自己。不管我们目前在某个群体中的位置如何，如果相对于自己的过去是在进步，那就值得庆贺。

3. 自我反省

自我反省需要真正地思考这些问题，如"我是个什么样的人？我的理想是什么？打算怎样实现？我打算怎样度过职校的学习生活？我的优势和不足在哪里？"通过这样的自我反省，我们能够更深刻地认识自己，逐渐形成一套正确的自我评价标准，从而更好地在认识自我的基础上塑造自我，最后达到自我实现的人生目标。

4. 自我评价

自我评价是自我认识的一种非常重要的形式，是主体对自己思想、愿望、行为和个性特点的判断和评价，是自我意识发展的产物，是自我教育的重要条件。人对自己的思想、动机、行为和个性的评价，直接影响自己学习和参与社会活动的积极性，也影响着与他人的关系。一个人如果能够正确地、如实地认识和评价自己，就能正确地对待个人与社会、集体及他人的关系，有利于自己克服缺点、发扬优点，在工作中充分发挥自己的作用。自我评价应遵循以下原则：

（1）适当

不适当的自我评价不是评价过高就是评价过低。过高的评价往往会使自己脱离实际，意识不到自己条件的限制，自傲狂妄，甚至由自信走向自负。过低的自我评价，往往会忽视自己的长处，缺乏自信，过于自卑，会使人不思进取，做一天和尚撞一天钟。总之，过高或过低的自我评价对自己都是不公平的。

（2）全面

既要看到自己的优点和长处，又要看到自己的缺点和不足，既要对自己某一方面的特殊素质进行具体评价，又要对其他各方面的整体素质进行综合评价。任何一种片面孤立的自我评价，都不可能全面而正确地反映自己的整体素质状况。

（3）客观

尽管是自己对自己进行考察、分析和评价，但必须要以客观事实为基础和依据。人贵有自知之明，但在自知的过程中人往往会受到个人主观因素的限制和干扰。只有努力克服和排除这种限制和干扰，才可能使自我评价趋于客观和真实。

（4）以发展变化的眼光看待自己

自我评价不但应当对自己的现实素质做出适当、全面、客观的评价，而且应当着眼于未来的发展变化，预见性地估计自己将来的发展潜力和前景。

5. 自我认识的内容

自我认识是对自我性格、行为、情感、价值、社会角色等与自我有关的一切因素的认识，包括生理自我、心理自我、理性自我和社会自我。

生理自我认识主要包括对自己的面貌、身体、穿着打扮等方面的认识。

心理自我认识主要包括对自我的性格、气质、意志、情感、能力等方面优缺点的评判与评估，包括以下两方面：

（1）自身综合素质、能力的自我测评，如学习成绩在全班中的名次，自己的技能、体力、品德和心理素质以及自己的特长、爱好等。

（2）分析自己的性格、兴趣和气质。一个人的性格和气质对其所从事的工作有一定的影响。一个人如果能从事与自己的性格、气质相符的工作，也许更容易做出成绩。

理性自我认识主要包括对自我的思维方式和方法、知识水平、道德水平等因素的评价。

社会自我认识主要包括对自己在社会上所扮演的角色，在社会中的责任、权利、义务、名誉，他人对自己的态度以及自己对他人的态度等方面的评价。

二、职业能力及其分类

职业能力是指职业作为一种重要而又复杂的社会活动，要求从业者具备的必要的生理和心理条件。职业能力是一个人能否进入职业的先决条件。无论从事什么职业总要有一定的能力做保证，没有职业能力，就无从进入职业工作，也就无从谈起职业生涯发展。职业能力的形成，是一个长期的过程，通常要经过相当长时间的学习以及一定的实践活动才能完成。职业能力的形成，需要具备先天素质、后天的教育训练、职业实践活动等条件。

1. 职业能力要素

职业能力是衡量一个人能否胜任某项工作的主观条件，是个人综合素质的体现。人在一生中，要从事各种社会活动，必须有相应的职业能力与之适应。职业能力包含体能和智能两大方面，具体由五大能力要素构成。

（1）体力

体力指人的身体素质，是劳动者从事一定的职业工作必备的生理和心理条件。生理条件包括人体生理结构（如身高、体重）、人体运动机能（如力量、速度、反应）、人体承受劳动强度的能力及消除疲劳和恢复体力的能力等。这是能否从事职业工作的基础物质条件，一向很受人们重视。

（2）智力

智力是人们认识理解客观事物，并运用知识经验等解决问题的能力。它主要通过记忆力、观察力、注意力、思维能力、想象力、创造力等方面的能力体现出来。

（3）知识

知识是人们通过学习和实践所掌握的有关职业活动的理论和经验。它分为一般知识和专业知识。一般知识指自然科学、社会科学方面的基础理论知识和基本实践经验知识。专业知识是某一领域学科的专门化、系统化、深入化、精细化的理论和经验。

（4）技能

技能是人们经过训练而熟练化、规范化的动作系列或思维系列，是从事具体的职业活动的本领。一般技能是劳动者通常都具有的最基本的、通用的技能。特殊技能是指具有专门化、特殊化的熟练技巧、动作与思维能力。职业技能是劳动者从事某项工作所具有的熟练化、规范化的职业技巧、动作或思维能力。

（5）人际交往能力

人际交往是各级经营管理者和职业工作者必须具备的一项能力。一些专家认为人际交往能力是个体综合职业能力中的关键能力之一，因为它是求职应聘、组织内上下级、同事之间有效沟通的手段，也是实现组织间合作的必备途径。因此，人际交往能力在很大程度上决定了个体职业能力的强弱，决定了职业生涯的成就水平。聋生由于语言能力的不足，显然在人际交往能力方面比较差。这严重影响了聋生的就业状况和职业生涯发展水平。

2. 职业能力的分类

能力往往是我们评价一个人的重要标准。从心理学角度看，能力指顺利地完成某种活动所具备的稳定的个性心理特征。能力直接影响人们工作和学习的效率。个人能力是否符合职业要求，直接影响着一个人的职业生涯发展。

职业能力是从业者在职业活动中表现出的能动地改造自然和改造社会的实践能力，由专业能力、方法能力以及社会能力构成。

专业能力是指从业者对从事活动所需要的专业知识、技能的掌握和运用水平，强调应用性、针对性。方法能力指从业者对从事职业活动所需要的工作方法、学习方法的掌握、选择和运用水平，强调合理性、逻辑性、创新性。社会能力指从业者在从事职业活动时适应社会和融入社会的水平、程度，强调适应性和积极的人生态度。

能力是一个人完成任务的前提条件，是影响工作效果的基本因素。因此，了解自己的能力倾向及不同职业的能力要求对合理地进行职业选择具有重要意义。能力的不同，对职业的选择就有差异。科学家依据能力与职业的关系，把职业能力划分为9类。

（1）一般学习能力

一般学习能力指认识、理解客观事物并运用知识、经验等解决问题的能力。它包括记忆能力、观察能力、注意能力、想象能力、逻辑思维能力，核心是逻辑思维能力。一般学习能力是从事任何职业都应该具备的基本能力。

（2）语言能力

语言能力指对词语、句子、段落、篇章的理解和使用能力，以及清楚而正确地表达自己的观点和向别人传达信息的能力，包括书面、口头两种形式。适宜的职业类型有教师、营业员、服务员、护士等。

（3）算术能力

算术能力指迅速而准确地进行运算的能力。适宜的职业类型有会计、出纳、统计、建筑师、药剂师等。

（4）空间判断能力

空间判断能力指理解几何图形，识别物体在空间运动中的联系，解决几何问题的能力。适宜的职业类型有医生、裁缝、电工、木工、无线电修理工、机床工等。

（5）形态知觉能力

形态知觉能力指正确而迅速地感知物体或图形的细微差异的能力。适宜的职业类型有生物学家、建筑师、测量员、制图员、农业技术员、动植物技术员、兽医、药剂师、画家等。

（6）文秘能力

文秘能力指对语言或表格式的材料具有知觉细节、发现错别字（含数字）和正确地校对的能力。适宜的职业类型有设计人员、出纳、会计、文秘等。

（7）眼手协调能力

眼手协调能力指眼和手迅速准确、协调地做出精确的动作和运动反应的能力。适宜的职业类型有驾驶员、飞行员、运动员、舞蹈家等。

（8）手指灵活能力

手指灵活能力指手指迅速而准确地活动和操作小物体的能力。适宜的职业类型有外科医生、雕刻家、画家、纺织工等。

（9）手的灵巧能力

手的灵巧能力指手灵巧而迅速活动的能力。适宜的职业类型有运动员、舞蹈家、画家等。

三、能力对职业的影响

•◆ 小王的成长 ◆•

小王对小李说："我要离开这个公司。我恨这个公司！"

小李建议道："我举双手赞成你报复！破公司，一定要给它点颜色看看。不过你现在离开，还不是最好的时机。"

小王问："为什么？此处不留爷，自有留爷处。"

小李说："如果你现在走，公司的损失并不大。你应该趁着在公司的机会，拼命去为自己拉一些客户，成为公司独当一面的人物，然后带着这些客户离开公司，公司才会受到重大损失，老板才会后悔没有发现你这个人才。"

小王觉得小李说得非常有道理。于是努力工作，事遂所愿，半年多后，他有了许多忠实的客户。

再见面时小李问小王："现在是最佳时机，要跳槽赶快行动哦！"

小王淡然笑道："老板已经找我谈过了，准备升我做总经理助理，我暂时没有离开的打算了。"

案例评析：

这则经典的职场故事，揭示了能力的深层含义：经过努力，你的能力要比你想象的大得多。个人在努力成长的过程中，自身的能力在不断提高，相应的对单位的贡献也在提高。如果单位能够看到员工的重要性，自然会加以重用；如果单位看不到员工的价值，以你的能力也能够迅速轻松地找到另一家更好的单位。另一方面，也说明抱怨、牢骚不能解决问题，工作中要想真正得到他人的认可，必须不断提升自己的职业能力。

1. 一定的职业能力是胜任某种职业岗位的必要条件

任何一个职业岗位都有相应的岗位职责要求，一定的职业能力则是胜任某种职业岗位的必要条件。因此，求职者在进行择业时，首先要明确自己的能力优势以及胜任某种工作的可能性。在条件允许的情况下，可以由专业职业指导人员帮助分析。职业指导人员可以根据求职者的学历状况、职业资格、职业实践经历等来确定求职者的职业能力，必要时可以以心理测试作为参考，在基本确定求职者的职业能力和发展的可能性的基础上帮助求职者进行职业选择。

2. 不同的能力类型与不同的职业相匹配

每个人都是一个拥有多种不同能力的系统。能力类型差异主要表现在个人的感知、记忆和思维方面。感知方面，有分析型、综合型和分析综合型3种能力差异。记忆方面，有视觉记忆型、听觉记忆型、运动记忆型和混合型等能力类型。思维方面，能力有形象思维型、逻辑思维型和动作思维型之分。

对职业生涯的研究表明，职业可以根据工作的性质、内容和环境划分为不同的类型，并且对人的能力类型有不同的要求。应注意能力类型与职业类型、职业性质的匹配。例如，如果根据思维能力选择职业的话，属于形象思维型的人比较适合于从事文学艺术方面的职业；而动作思维型的人则比较适合从事机械修理或运动员等职业。如果不考虑从业者的能力类型，让其从事与之能力不匹配的职业，效果将会很差。

3. 不同能力水平与不同职业层次相对应

职业层次是指在同一职业或职业类型内部，由于工作活动及其对人员要求的不同而造成的区别。一般按照工作所要求的技能和责任心的程度分为6个层次：

（1）非技能性工作

这种层次的工作简单、普通，不要求具有独立的决策和创造力。

（2）半技能性工作

半技能性工作要求在有限的工作范围内具有一些最低程度的技能和知识，或具备一种高水平的操作技能。

（3）技能性工作

技能性工作具备熟练的技能、专门知识和判断力，能完成所分配的工作。

（4）半专业性和管理性工作

半专业性和管理性工作指要求有一定的专门知识或判断力的脑力工作，对他人有低程度的责任。

（5）专业性的工作

专业性的工作要求具备大量的知识和判断力，具有一定的责任和自主权。

（6）高级专业性和管理性工作

高级专业性和管理性工作要求具有高水平的知识、智力和自主性，承担更多的决策和监督他人的责任。

综上所述，决定一个人职业层次的应该是他的能力水平。一般可用一个人的受教育程度或培训水平来代表他所达到的相应的能力水平。因而，不同层次的工作要求不同的教育程度或培训水平。人的受教育程度在很大程度上决定了其所要从事的职业层次。由于人的需求决定了几乎所有人都希望登上职业阶梯的最高层次，但实际上是不可能实现的，社会分工要求人们必须在不同的层次上工作。因此，当我们确定了与自己的能力类型相匹配的职业类型后，还需要进一步分析自己的能力水平、兴趣、价值观等，确定当前适合自己的职业层次和未来要达到的职业层次目标。对于中职学生，就其实际的职业能力来说，大部分人只能从事第一、第二层次的工作，个别经过实践培训的可以从事第三层次的工作，而只有接受过高等教育又能力比较突出的极个别的人勉强可以从事第四层次的工作。

四、能力可以提高

◆◇ 陈景润和张秉贵的职业能力 ◇◆

著名的数学家陈景润，曾经当过中学数学教师，而且是一个不太受学生欢迎的教师，或者说是一位在讲台上失败了的教师。他的学习能力极高，有超常的记忆能力、注意能力、想象能力、思维能力，有高于常人的算术能力，但他却十分缺乏言语能力、人际交往能力，组织管理能力也不高。这种能力特征，使他能成为一名攀登科学高峰的数学家，却不能成为一名合格的中学数学教师。

北京市百货大楼优秀售货员张秉贵运用良好的言语能力、眼手协调能力、注意分配能力以及手的灵巧，创造了对排长队的顾客同时接待三人的"接一、问二、联三"的方法，即接待第一位顾客时，向第二位顾客问好，并用点头或眼神向第三位顾客示意；运用快速心算能力，采取"一口清"的办法，一口气报出商品单价、实重、应收款、实收款、应找款；运用敏捷的操作能力，采取"一抓准"的办法，熟练地对糖果进行抓、称、包、扎等工序。他平均每50秒钟就能接待完一位顾客，而且是连续作业，因此成为全国劳动模范。

案例评析：

不同职业对从业者的能力要求不同。每一个职业都要求从业者具备与这个职业相适应的能力，即职业能力。具有符合职业要求的能力，是职业生涯发展得以成功的重要保证；对职业的热爱和沉醉，能促使从业者不但具有符合职业需要的一般技能，还能形成超乎常人水平的职业能力。

每个人的能力都是不同的。也许一个人开始时不具备某种职业能力，但只要他在职业实践中刻苦努力，他的职业能力不但可以获得发展和提高，还有可能挖掘出潜力。

1. 职业实践促进职业能力的发展

职业能力是在实践的基础上得到发展和提高的。一个人长期从事某一专业劳动，能促使他的能力向高度专业化的方向发展。例如，计算机文字录入人员，随着工作的熟练和经验的积累，录入的速度会越来越快，准确性也会越来越高。个体的职业能力只有在实际工作中才能不断得到发展、提高和强化。

2. 教育培训促进教育能力的提高

个体职业能力的提高除了在实践中磨炼和提高之外，最有效的途径就是接受教育和培训，如我们所熟悉的职业教育、专科教育、大学本科教育、研究生教育等。学生通过对有关知识和技能的掌握，对以后更好地胜任本职工作会有极大的帮助。

3. 职业能力、职业发展与职业创造间的关系

职业能力是人的发展和创造的基础。前面讲到能力是成功地完成某种任务或胜任某项工作的必不可少的基本因素，没有能力或能力低下，就难以达到工作岗位的要求，不能胜任。个体的职业能力越强，各种能力越是综合发展，就越能促进人在职业活动中的创造和发展，就越能取得较好的工作业绩，越能给个人带来职业成就感。

【探索活动】

1. 想一想：我能做什么？

（1）我能（生活方面）：＿＿＿＿＿＿＿＿＿＿＿＿＿＿＿＿＿＿＿＿。

（2）我能（社会交往方面）：＿＿＿＿＿＿＿＿＿＿＿＿＿＿＿＿＿。

（3）我能（体能方面）：＿＿＿＿＿＿＿＿＿＿＿＿＿＿＿＿＿＿＿。

（4）我能（动手/操作方面）：＿＿＿＿＿＿＿＿＿＿＿＿＿＿＿＿＿。

（5）我能（艺术方面）：＿＿＿＿＿＿＿＿＿＿＿＿＿＿＿＿＿＿＿。

（6）我能（个人爱好方面）：＿＿＿＿＿＿＿＿＿＿＿＿＿＿＿＿＿。

（7）我能（学习方面）：＿＿＿＿＿＿＿＿＿＿＿＿＿＿＿＿＿＿＿。

（8）我能（团体活动中）：＿＿＿＿＿＿＿＿＿＿＿＿＿＿＿＿＿＿。

（9）我能（家庭中）：＿＿＿＿＿＿＿＿＿＿＿＿＿＿＿＿＿＿＿＿。

（10）我能（创造方面）：＿＿＿＿＿＿＿＿＿＿＿＿＿＿＿＿＿＿。

（11）我能（其他方面）：＿＿＿＿＿＿＿＿＿＿＿＿＿＿＿＿＿＿。

2. 填一填：我的特点

（1）我是＿＿＿＿＿＿＿＿＿＿＿＿＿＿＿＿＿＿＿＿。（个性形容词）

（2）我不＿＿＿＿＿＿＿＿＿＿＿＿＿＿＿＿＿＿。（私人的忌讳）

（3）我喜欢＿＿＿＿＿＿＿＿＿＿＿＿＿＿＿＿＿。（兴趣、喜好）

（4）我曾＿＿＿＿＿＿＿＿＿＿＿＿＿＿＿＿。（得意或失意的事）

（5）我想＿＿＿＿＿＿＿＿＿＿＿＿＿＿＿＿＿。（愿意或理想）

（6）我要＿＿＿＿＿＿＿＿＿＿＿＿＿＿＿＿＿。（强烈的拥有）

（7）我很＿＿＿＿＿＿＿＿＿＿＿＿＿＿＿。（特别的喜好或厌恶）

（8）我觉得我的身高＿＿＿＿＿＿＿＿＿＿＿＿＿＿＿＿＿＿＿。

（9）我的体重令我＿＿＿＿＿＿＿＿＿＿＿＿＿＿＿＿＿＿＿＿。

（10）我常有的表情是＿＿＿＿＿＿＿＿＿＿＿＿＿＿＿＿＿＿。

（11）我不喜欢的外表是＿＿＿＿＿＿＿＿＿＿＿＿＿＿＿＿＿。

（12）我喜欢别人形容我＿＿＿＿＿＿＿＿＿＿＿＿＿＿＿＿＿。

（13）我最想要听别人说我＿＿＿＿＿＿＿＿＿＿＿＿＿＿＿＿。

（14）我不喜欢人家讲我是＿＿＿＿＿＿＿＿＿＿＿＿＿＿＿＿。

（15）我的目标是＿＿＿＿＿＿＿＿＿＿＿＿＿＿＿＿＿＿＿＿。

主题四 做自己的主人

【活动导入】

◆ 做自己的主人 ◆

美国著名女演员索尼亚的童年是在渥太华郊外的一个奶牛场里度过的。

当时她在农场附近的一所小学读书。有一天，她满脸泪痕的回到家里，父亲问其原因，她断断续续地说："班里的同学说我长得丑，还说我跑步的姿势难看。"父亲听后并不说话，只是微笑。忽然父亲说："我能摸得着我们家的天花板。"索尼亚听后觉得很惊奇，不知父亲想说什么，停止了哭声反问道："你说什么？"

父亲又重复了一遍："我能摸得着我们家的天花板。"

索尼亚仰头看看天花板。父亲能摸得到将近4米高的天花板？她怎么也不相信。父亲笑笑，得意地说："不信吧？那你也别信你同学的话，因为有些人说的并不符合事实！"

索尼亚明白了，任何事不能太在意别人说什么，要按自己的想法去做。

她在二十四五岁的时候，已小有名气。有一次，她要去参加一个集会，但经纪人告诉她，因为天气不好，只有很少的人参加这个集会，会场的气氛会有些冷淡。经纪人的意思是，作为新人的索尼亚，应该把时间花在一些大型的活动上，以增加自身的名气。索尼亚坚持要参加这个集会，因为她在报刊上承诺过要去参加。

结果，那次在雨中的集会，因为有了索尼亚的参加，渐渐地，广场上的人越来越多，她的名气和人气因此骤升。

在人生成长的道路上徘徊的朋友们，请记住，你是属于你自己的，没有谁能代替，别太在意别人说什么，你要自己拿主意！要做自己的主人！我们需要自己驾驭自己，自己去规划自己的生活，自己去享受生活的乐趣。做自己的主人，我们的生活才会更美丽！

在每一个成长的十字路口，那盏明亮的灯，就是你自己。在每一个人生的渡口，那双有力的桨，就是你自己。生活属于你，你才是自己生活的真正主人。

【知识要点】

一、学会主宰自己

命运总是掌握在自己手中。人生最大的学问是如何主宰自己的命运，做自己的主人。能掌握自己命运的人，也就是独立的人，才能称得上是自己的主人。他们有自己良好的学习生活习惯，有自己的思考，更有自己的辨别能力，在一些事物面前，分得清轻重缓急。这种人往往有一种奋起自强的精神，无所顾忌地走自己的路。

做自己的主人，首先要注重生命。只有生命存在，才会有人生的价值。人不仅是为自己活着，很大程度上是为周围的环境而活着。每一个人都以一定的身份生活、存在于社会中，影响着社会。影响大了，就说明其存在的价值高了。只有自己活得愉快，才能以积极的态度从事社会的活动，人的生命才会闪光，才会释放出它真正的价值。

人们常说，路摆在你的脚下，看你如何去选择，如何去走。天下无论有多少条路，都得靠自己去选择，靠自己去走。过去说，"出身不由己，道路可选择"。也就是提倡自己做自己的主人，学会通过自己的努力改变自己生存的环境，走自己所选择的道路。这一点，别人是永远无法替代的。

做自己的主人，应该做自己命运的主人。自己掌握命运，不要由命运来摆布自己。人常常难以把握住自己的命运，也就是在关键的时候，把握不住机遇，在迈出关键的一步时，总是瞻前顾后，犹豫不决，那命运自然就把握不好了。把握不住自己命运的人，就像失去了主心骨一样，只会坐失良机，终究把握不好自己的命运。

学会主宰自己的命运，做自己的主人。自己能选择好自己要走的路，只要自己生活得快乐，又何必在乎别人的眼光，又何必在乎别人说三道四。我们需要自己驾驭自己，自己去规划自己的生活，自己去享受生活的乐趣，做自己的主人，我们的生活才会更美丽！

二、自我认识

我们每天都在学习，似乎把学习当成了一切，却忽略了自己这个主宰者。学习是我们生活中最重要的一部分，学习成绩的好与差是由许多原因造成的。面对这些我们需要客观地去剖析自己，去发现原因。

1. 学习诊断

首先请你拿出笔记本，记下下面的这些题目，包括序号。

（1）家里无人指导我学习。

（2）学习科目过难。

（3）家里环境差，没法学习。

（4）父母不关心我的学习。

（5）班里学习风气不好。

（6）学校令我厌烦。

（7）老师的教学方法不适合我。

（8）我的运气不好，复习的内容总不考。

（9）考试题目太难。

（10）不喜欢一些任课老师。

（11）我比较懒，不愿学习。

（12）没有好的学习方法。

（13）情绪不稳定，常被情绪困扰。

（14）缺乏毅力。

（15）不会妥善安排学习时间。

（16）学习基础不好。

（17）我努力不够。

（18）身体状况不好，无法集中精力学习。

（19）对学习没有兴趣。

（20）本身的能力不够。

在你认为符合或比较符合自己的题号上做一个标记。在你所选择的内容中再选出5个最主要的，按照重要性的先后顺序来写：＿＿＿＿＿＿＿＿＿。

如果你认为还有其他原因请写出来。

你选择的结果是什么？和前后左右的同学互相交流一下，看看自己所选的和他们一样吗？如果不一样，为什么自己这么选择，而别人会那么选择，这是由什么因素导致的？

你在选择之后发现自己所面临的困难了吗？如果有，觉得自己该怎样去解决这些困难呢？

2.“三要三不要”原则——正确认识自己

（1）要客观分析你成败的原因，不要主观臆断。

（2）一般情况下，都要先从自身找原因，激发自己的责任感，不要一味埋怨外部环境，也不要一味自责。

（3）要尽量找自己可以改变的因素，不要过多归于不可改变的因素。世界上的一切事物都是在发展变化之中的。

三、自我约束

◆ 习惯的力量有多大 ◆

在美国有一个商人抽烟抽得特别厉害。一次，他到欧洲旅游，住在一个小城的旅馆里。半夜，外面下起了大雨，他从睡梦中醒来，很习惯地从床头摸香烟，可是烟盒是空的，昨天他忘记买香烟了。想抽烟的欲望让他下床翻行李箱，看能否意外地发现一盒香烟。结果没有。他焦急地往旅店的餐厅跑，但餐厅早已关门。唯一的办法就是到外面的商店买，但这个小城他并不熟悉，也不知道在这个时候哪里有香烟卖。他突然想起了一个地方可能会买到香烟——火车站，不过要过几条大街。此时，外面大雨滂沱，路面泥泞。他想开车去，但车房已关闭，叫出租车显然也不可能，唯一的办法是步行。想抽烟又抽不到，那种未满足的欲望让他以最快的速度穿好了衣服，拿好了雨衣。

正准备开门的时候，他停住了，开始大笑，他在笑他自己荒唐可笑的行为。一个全国闻名的商人居然会在深夜，冒着大雨，穿过五六条街，目的仅仅是买一盒香烟，这太不可思议了，太荒诞了。

此时，他已意识到，吸烟的习惯已将他牢牢地控制，他难以自拔，差一点儿就成为坏习惯的奴隶。他回到床头，将空烟盒揉成一团扔进纸篓中，脱下衣服，继续睡觉。从此，他再也没有吸过烟。

案例评析：

任何行为一旦成了习惯就很难改变。它让你必须遵照它的驱使来行事，违背它你会感到万分难受和不安。不过，好习惯同样也有这样的力量，我们可以利用它，也正因此，我们才会努力培养好习惯。

四、成为一个自尊自信的人

自尊是一种健康、良好的心理状态。自尊首先表现为自我尊重和爱护；自尊还包括要求他人、集体和社会对自己尊重的期望。自尊的人，既尊重自己，又不向别人卑躬屈膝，也不容许别人歧视、侮辱自己。自尊使人积极向上，使人产生巨大的精神力量，使人勤奋努力，不断地完善充实自己，积极进取，走向成功。自尊的人能赢得他人的尊重。如果一个人连自己都不尊重，就谈不上尊重他人，更不会得到他人的尊重。自尊的人讲荣辱，讲自爱，能时刻用正确的言行来维护自己的尊严和形象。自尊的人最看重自己的人格。要维护自尊，就要做到不做有损人格和国格的事，以实际行动维护国家和民族的尊严。赢得他人尊重，要靠自我努力、勤奋学习、发展提高自己来实现。要尊重他人，善待他人。要尊重他人的人格和劳动，不做伤害他人自尊心的事；要欣赏他人，从内心接纳他人。自信是人对自身力量的确信，深信自己一定能够做成某事，实现所追求的目标。自信使人勇敢，使人有克服困难的勇气和自强不息的力量；自信为我们搭起了一个人生前进的平台，使我们可以主动、积极地应对生活中的各种问题，并使我们保持内心平静，从容享受生活的乐趣。自信是我们成功的基石，自信是我们自尊的基础，是促使人们奋发向上、不断进取、克服困难、自强不息的精神动力，是我们事业成功的前提。

【探索活动】

1. 站在镜子前面，分析自己的性格、特点、爱好，尝试和自己做朋友，对自己打手语："你真棒，你会做得更好！"

2. 和自己的同桌为一组，相互分析对方。将分析结果记录下来，和前面的自我分析进行对比，感受别人眼中的自己和自己眼中的自己有什么区别。

第二篇

认识社会

社会犹如一条船，每个人都要有掌舵的准备。

——易卜生

　　社会是相对自然而言的，社会是人与人形成的关系的总和。事实上，从我们从出生来到这个世界，我们就进入了社会。小时候我们和爸爸、妈妈形成一个小社会；到了上学的时候，除了原来的小社会以外，还和老师、同学形成了新的社会；当我们毕业后，就会进入一个更大的社会。终其一生，我们都在社会中生活，在社会中成长，在社会中实现自己的人生目标和自我价值。

　　正确地了解社会，认识社会，可以帮助我们更好更快地适应社会，在社会中更好地成长。

主题一 了解社会

【活动导入】

同学们，在前面的学习中我们全面地了解了自己，今天，我们要把自己放在一个更大的环境——社会中，来了解一下社会中的自己处于什么样的位置，以便于更好地了解自己今后的发展方向。

活动一：查阅书籍或者通过网络查询以下名词

1. 社会。

2. 社会关系。

3. 社会发展。

4. 社会生活。

活动二：通过查阅，谈一谈自己的看法

1. 什么是社会？

2. 你理解的社会是怎样的？

3. 你扮演着怎样的社会角色？

【知识要点】

一、什么是社会

当我们第一次与别人交谈时，其实我们已经步入了社会。社会就是在特定环境下形成的个体间的存在关系的总和。社会是共同生活的个体通过各种各样的关系联合起来的集合，这种关系叫作"社会关系"。人类最主要的社会关系包括家庭关系、共同文化以及传统习俗。社会关系包括个体之间的关系、个体与集体的关系、个体与国家的关系，还包括群体与群体之间的关系、群体与国家之间的关系。可以说，我们时时刻刻都生活在社会关系中。我们一般将社会分为以下几种：

（1）原始社会。

（2）奴隶社会。

（3）封建社会。

（4）资本主义社会。

（5）共产主义社会（社会主义社会为其初级阶段）。

二、社会的功能

我们为什么要生活在社会中？因为社会主要有如下功能。

1. 交流功能

人类社会创造了语言、文字、符号等人类交流的工具，为人类交流提供了必要的场所，从而保持和发展了人们的相互关系。有些非人的其他动物是有语言的（如大猩猩、海豚），有些则无语言（如长颈鹿），但都可以交流。有语言的可以依靠语言去交流，但所有动物都可以用肢体语言来交流。

2. 整合功能

社会将无数单个的个体组织起来，形成一股合力，调整矛盾、冲突与对立，并将其控制在一定范围内，维持统一的局面。所谓整合主要包括文化整合、规范整合、意见整合和功能整合。

3. 导向功能

社会有一整套行为规范，用以维持正常的社会秩序，调整个体之间的关系，规定和指导个体的思想、行为的方向。导向可以是有形的，如通过法律等强制手段或舆论等非强制手段进行；也可以是无形的，如通过风俗习惯等潜移默化地进行。

4. 继承发展功能

个体的生命短暂，一代代频繁更替，而社会则是长存的。一个物种创造的物质和精神文化，通过社会而积累和发展。

5. 组织调节功能

社会的结构要素往往随着社会可持续发展的要求不断地自我调整其地位及职能，维持社会的进步性。

三、正确对待社会

有人说："进入了社会，就说明你成熟了。有工作了，就有钱可以随便花，想做什么就做什么。"也有人说："社会上有很多的坏人，很黑暗，还是学校单纯，最好一直不要接触社会。"面对这两种观点，同学们怎么看？

社会是非常复杂的，有其黑暗的一面，也有光明的一面。纵观人类五千年文明，我们可以发现，社会是在不断变革、不断前进的。社会的演化趋势是从无到有，从简单到复杂，从低级到高级，从无等级到有等级。但等级社会发展到一定程度时，个体会更加追求平等，于是等级社会最终会衰落，形成更加先进的个体平等的社会。我们可以看到，和过去相比，现在残疾人特别是聋哑人的待遇好了很多。可以相信，将来，我们的生活一定会更加光明！

因此，我们要正确对待社会，不要为别人的轻视而愤愤不平，也要随时怀着一颗谦虚的心。

四、步入社会前的准备

从广义上说，我们时时刻刻都生活在社会之中；从狭义上说，社会就是校园、家庭之外的关系总和。当我们离开校园，准备就业的时候，我们就将步入社会。为了更好地适应社会，我们需要做一些准备。

1. 参加实习

实习让你了解真实的社会需要，也让你了解相对爱好的工作。学校一般会为大家安排实习的机会，大家可以把握住机会，多和他人接触，也可以在节假日的时候自己寻找实习或者参加社会实践活动的机会。

2. 多读书

书籍是大千世界的缩影，同学们可以多读一些书，从书中了解社会。读书要有选择性，少看一些娱乐方面的书，多看一些世界名著、自我管理、社会常识一类的书籍。

3. 到从未去过的地方走走

读万卷书，行万里路。到从未去过的地方走走，了解一个地方的风土人情，是一种增长见识的方式，还可以拓展人脉，锻炼自己的能力。

4. 多思考、多总结

当我们和社会有了一定的接触之后，肯定会很多的感悟。我们遇事要多思考，事情做完了要多总结，这样对自己的成长很有帮助。

【探索活动】

1. 问问自己的亲朋好友，他眼中的社会是怎样的。

（1）（　　　　）_____。

（2）（　　　　）_____。

（3）（　　　　）_____。

（4）（　　　　）_____。

（5）（　　　　）_____。

（6）（　　　　）_____。

2. 从网上搜集几条关于人情世故的格言或者名言。

（1）_____。

（2）_____。

（3）_____。

（4）_____。

（5）_____。

（6）_____。

主题 二　学会学习

【活动导入】

◆· 邰丽华的故事 ·◆

　　大家都知道邰丽华的故事吧，可是你们知道吗？邰丽华在学校时学习成绩也很好，而她的舞蹈也得益于她良好的文化课。

　　几乎所有教过邰丽华的老师都说，在舞蹈的天赋和感觉上，邰丽华不是最好的。宜昌市聋哑学校校长杜红曾经是邰丽华的数学老师，他这样评价自己的学生："她的舞蹈感觉不是最强的，但她很刻苦，会仔细地去琢磨每一个动作，当然这得益于她良好的文化课功底。"邰丽华是班长，舞跳得好，文化课的学习也最棒，这使得她充满了自信、热情和责任感。不管是考上大学还是现在成为中国残疾人艺术团团长，她都很爱学习，平时没什么演出时就看书。

　　教师小结：不论到了人生的哪个阶段，都需要不断地学习，即使以后就业了，也要不断学习专业知识才能胜任工作。我们要树立终身学习的意识。

【知识要点】

一、终身学习

　　终身学习是指社会每个成员为适应社会发展和实现个体发展的需要，贯穿于人的一生的、持续的学习过程，即我们常说的"活到老学到老"或者"学无止境"。

　　1. 为什么要终身学习

　　（1）社会是不断发展的，不学习就会被时代所淘汰。原始社会对人的要求是生存，人要学习打猎、采集等。这时候人们的学习相对简单，但往往很危险。到了农耕时期，人们学习的内容就更多了，要学习种地、放牧、纺织。这时候也出现了很多专业化的学习，如印刷、冶铁等。而到了工业时代，对人们的要求就更多了，除了学习文化知识以外，还要学会使用机器。卓别林的《摩登时代》（见下图）反映的就是这一时期工人坐在永不停止的生产线上不断地工作的现实。

农耕图   《摩登时代》

当今社会已经进入了信息时代，会熟练使用计算机已经成了人们基本的技能要求。时代对人们的要求更高了，学习和工作无法具体分开，不学习就会慢慢被时代所淘汰。

（2）由于社会的不断进步，为了更好地适应社会，用人单位对员工的要求不断提高。人们不学习就无法胜任工作。

（3）根据马斯洛需求层次理论（见下图），人的需求是不断提升的，这就要求我们不断学习以满足我们的需求。

马斯洛需求层次理论图

2. 特点

（1）终身性

终身性是终身教育最大的特征。终身教育突破了正规学校的框架，把教育看成是个人一生中连续不断的学习过程，是人们在一生中所受到的各种培养的总和，实现了从学前期到老年期的整个教育过程的统一。它既包括正规教育，又包括非正规教育。它包括了教育体系的各个阶段和各种形式。

（2）全民性

终身教育的全民性是指接受终身教育的人包括所有的人，无论男女老幼、贫富差别、种族性别。联合国教科文组织汉堡教育研究员达贝提出，终身教育具有民主化的特色，反对教育知识为所谓的精英服务，提倡具有多种能力的一般民众能平等获得教育的机会。而事实上，当今社会中的每一个人，都要学会生存，而要学会生存就离不开终身教育，因为生存发展是时代的主流，会生存必须会学习，这是现代社会给每个人提出的新课题。

（3）广泛性

终身教育既包括家庭教育、学校教育，也包括社会教育。可以这么说，它包括人的各个阶段，是一切时间、一切地点、一切场合和一切方面的教育。终身教育扩大了学习天地，为整个教育事业注入了新的活力。

（4）灵活与实用性

终身教育具有灵活性，任何需要学习的人，可以随时随地接受任何形式的教育。学习的时间、地点、内容、方式均由个人决定，人们可以根据自己的特点和需要选择最适合自己的学习方式。

3. 渠道

我国很重视国民素质的提高，将终身学习纳入教育体系，并且国家提供了各种渠道，为人民的终身学习搭建了平台。

（1）各种科学文化设施

各个城市都有文化会馆、图书馆、博物馆、活动中心等科学义化设施。这些设施一般都是免费向市民开放的，有时候还会在里面举行各种文化活动。

（2）专业培训机构

如果想在学历或能力上更进一步，可以选择专业的培训机构。这些培训机构可以在短时间内对学生进行大量的辅导，并且学生可以考取相关的证书。但现在的培训机构鱼龙混杂，同学们在选择的时候要认真甄别。

（3）知识网站

现在有很多知识类的网站，其中大部分内容都是免费的，同学们可以利用闲暇时间进行碎片式学习。常见的知识类网站分为：

① 公开课类网站。

② 云课堂。

③ 资源中心。

④ 知识阅读类网站。

⑤ 问答类网站。

⑥ 付费类网站。

大家可以在网上搜索，选择自己喜欢的内容学习。

二、积极考取职业资格证书

1. 什么是职业资格证

职业资格证即职业资格证书，是国家对具有职业资格规定的必备的学识、技术和能力的劳动者颁发的证明。

国家职业资格证书分为5个等级，即初级（五级）、中级（四级）、高级（三级）、技师（二级）、高级技师（一级）。

一级职业资格证（高级技师）　　　　二级职业资格证（技师）

三级职业资格证（高级）　　　　四级职业资格证（中级）

五级职业资格证（初级）

职业资格证是劳动者求职、任职、开业的资格凭证，是用人单位招聘、录用劳动者的主要依据，也是境外就业、对外劳务合作人员办理技能水平公证的有效证件。职业资格证能够提高职业选择的竞争力。

2. 学历证书和职业资格证的区别

学历证书是一个人接受教育的年限、所具有的文化程度或者学业程度的证明，是由教育部颁发的。我们中等专业学校的同学们的学历证书就是我们的毕业证。

而职业资格证是表示一个人是否能胜任某一职业的证明，是由劳动人事部门或委托部门颁发的。不同的职业资格要求的学历也不同。

学历证书与职业资格证的区别如下图所示。

如果只想就业那么
只需要学历证

如果想成为医生就必
须有医师资格证

如果只想要一份薪水不高的工
作只需要学历证就够了

如果想拥有一份较好的工作就
要拥有相应的职业资格证

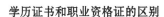

学历证书和职业资格证的区别

三、学习方法

1. 安排时间

学会安排时间，可以让你有充足的时间学习和娱乐，增加学习的有效性。

安排时间最有效的做法是制订一张作息时间表。除了一些必要的事情以外，选定合适的、固定的时间用于学习，然后严格按照作息表执行。

2. 预习+复习

艾宾浩斯是德国著名的心理学家，他对记忆的保持规律做了重要研究，并绘制出著名的"艾宾浩斯遗忘曲线图"（见下图）。

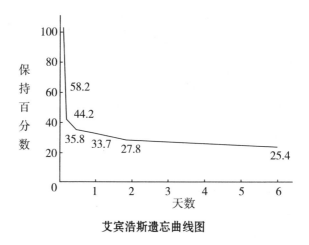

艾宾浩斯遗忘曲线图

从艾宾浩斯遗忘曲线图可以看出，在学习识记完某一知识后，遗忘就开始发生，尤其在起始阶段遗忘的速度较快。因此，在学习上，我们除了在课堂上听老师讲解以外，还需要预习和复习。

预习就是认真投入学习之前，先把要学习的内容快速浏览一遍，了解新知识的大致内容及结构，以便能及时理解和消化学习内容。如果遇到不会的地方，就要在课堂上认真听讲，理解难点。

在学习完以后要及时复习。写作业和考试都是复习的手段。我们也可以在每天睡觉前将当天所学内容一一在头脑中过一遍，如果有感悟还可以写下心得或者总结。然后在一段时间之后再复习几遍，加深印象。

3. 做好笔记，及时总结

俗话说"好记性不如烂笔头"，在课堂上一定要记笔记。记笔记不是单纯地记录老师说的话，而是对老师讲解的知识再加工，先理解，再总结，将它变成自己的东西。

除了做笔记，我们还可以用建立错题本、写心得体会这些方法进行总结。做总结有助于锻炼我们的思维能力，提高我们对知识的理解力，还能帮助我们进行课后复习。做笔记在学习中是十分必要的。

4. 碎片化学习

在平时的工作中，我们可能没有那么多的时间专门去学习，这时候我们就可以利用平时坐车、上厕所、等人、睡觉前等时间，进行"碎片化学习"。碎片化学习比起常规学习更加灵活，针对性高，知识更容易吸收。但在进行碎片化学习之前，一定要建立一个自己的知识网络，将学习的新知识纳入其中。不要盲目学习，同时还要不断复习反思，才能达到学习的目的。

【探索活动】

1. 分析自己的学习习惯。

2. 制订一个5年的学习计划。

主题 三 了解工作时间

【活动导入】

师：同学们，你们爸爸、妈妈一天的工作时间是多少？

生：纷纷回答。

师：我们发现，大家说的工作时间是不一样的，有些同学的父母是农民，工作时间不一定，变化很大；有些同学的父母是工人，每天上班的时间是固定的。那么，如果我们以后上班了，我们的工作时间是多少呢？如果工作时间很长怎么办？

【知识要点】

一、工作时间

工作时间又称劳动时间，是指法律规定的劳动者在一昼夜和一周内从事劳动的时间。工作时间的长度由法律直接规定，或由集体合同或劳动合同直接规定。劳动者或用人单位不遵守工作时间的规定或约定，要承担相应的法律责任。

二、标准工作时间和法定工作时间

标准工作时间是我国现行工时制度的一种形式，也是法律规定的国家机关、企事业单位、社会团体等在通常情况下实行的工作时间。我国的标准工时为劳动者每日工作8小时，平均每周工作40小时，每周至少休息1天。实行计件工作的劳动者，用人单位应当根据每日工作不超过8小时、平均每周工作不超过44小时的工时制度，合理确定其劳动定额和计件报酬标准。

法定工作时间就是按照国家法律明文规定的，劳动者最多工作的时间。如果超过，一是劳动者有权利拒绝（有法定特别情况或不可拒绝的情况），二是要支付加班费用。2017年，新《中华人民共和国劳动法》规定：劳动者的月平均工作时间为20.83天。

《中华人民共和国劳动法》对工作时间做了如下的规定：

第三十六条　国家实行劳动者每日工作时间不超过八小时、平均每周工作时间不超过四十四小时的工时制度。

第三十七条　对实行计件工作的劳动者，用人单位应当根据本法第三十六条规定的工时制度合理确定其劳动定额和计件报酬标准。

第三十八条　用人单位应当保证劳动者每周至少休息一日。

第三十九条　企业因生产特点不能实行本法第三十六条、第三十八条规定的，经劳动行政部门批准，可以实行其他工作和休息办法。

第四十条　用人单位在下列节日期间应当依法安排劳动者休假：

（一）元旦；

（二）春节；

（三）国际劳动节；

（四）国庆节；

（五）法律、法规规定的其他休假节日。

第四十一条　用人单位由于生产经营需要，经与工会和劳动者协商后可以延长工作时间，一般每日不得超过一小时；因特殊原因需要延长工作时间的，在保障劳动者身体健康的条件下延长工作时间每日不得超过三小时，但是每月不得超过三十六小时。

第四十二条　有下列情形之一的，延长工作时间不受本法第四十一条规定的限制：

（一）发生自然灾害、事故或者因其他原因，威胁劳动者生命健康和财产安全，需要紧急处理的；

（二）生产设备、交通运输线路、公共设施发生故障，影响生产和公众利益，必须及时抢修的；

（三）法律、行政法规规定的其他情形。

第四十三条　用人单位不得违反本法规定延长劳动者的工作时间。

第四十四条　有下列情形之一的，用人单位应当按照下列标准支付高于劳动者正常工作时间工资的工资报酬：

（一）安排劳动者延长工作时间的，支付不低于工资的百分之一百五十的工资报酬；

（二）休息日安排劳动者工作又不能安排补休的，支付不低于工资的百分之二百的工资报酬；

（三）法定休假日安排劳动者工作的，支付不低于工资的百分之三百的工资报酬。

第四十五条　国家实行带薪年休假制度。劳动者连续工作一年以上的，享受带薪年休假。具体办法由国务院规定。

三、全日制用工和非全日制用工

我国标准工作时间是每日工作8小时，这指的是全日制用工，与之相对的还有非全日制用工。

非全日制用工是劳动者与用人单位约定的以小时作为工作时间单位确立的劳动关系。它是随着市场经济的就业形式多样化而发展起来的用工形式。

《中华人民共和国劳动合同法》第六十八条规定：非全日制用工，是指以小时计酬为主，劳动者在同一用人单位一般平均每日工作时间不超过四小时，每周工作时间累计不超过二十四小时的用工形式。

非全日制用工可以随时开始或结束工作约定，是一种非常灵活的用工方式。也正因为如此，它缺乏全日制用工的一些保障。

那么，全日制用工和非全日制用工有什么区别呢？

它们两者的本质区别在于，劳动者在同一单位每周累计工作时间的不同，此为非全日用工的必要条件。因此，即使用人单位与劳动者约定或协议非全日制用工，但只要超过法定规定的工作时间，即为全日制用工。

四、合理安排工作时间

工作的时候，我们会面临工作量大但工作时间不够、手忙脚乱、毫无条理、繁忙的工作影响了身体健康等问题，这主要是工作时间安排不合理造成的。

那么，怎样才能合理地安排工作时间呢？

1. 根据身体和大脑不同时间段的节奏安排工作

在不同的时间段，大脑和身体的节奏是不同的。合理安排每个时间段的工作与生活，可以让你更加有效地工作。

不同时间段身体和大脑的节奏如下：

上午7：00—9：00：早晨的这段时光是非常珍贵的，大脑经过一夜的睡眠休整得到充分的休息，比较清醒。建议利用这段时间规划一天的日程安排，从事一些记忆类的工作。

上午9：00—11：00：这个时间段大脑的注意力比较集中。建议选择一些工作中的难题进行思考。

上午11：00—下午1：00：经过上午的工作，此时大脑神经处于紧绷的状态。建议这个时间段不要安排过多的任务，可以选择做一些稍微轻松的工作，如同客户交流。

下午1：00—3：00：这段时间是给紧绷的大脑放松的最佳时刻。建议选择轻松的散步方式休息。

下午3：00—6：00：此时间段一天的工作即将结束，人的大脑神经会处于一个相对放松的阶段，此时人们会变得比较随和，容易沟通，建议召开会议。

傍晚6：00—8：00：结束了一天的工作，立刻转换社会角色做回自己，你的身体不会感到疲惫。建议选择个人喜欢的方式来放松身心，如购物、做饭、健身等等。

晚上8：00—10：00：此时间段大脑不再那么清醒，进入了睡眠的准备阶段。建议看看书或进行一些娱乐活动等，还可对今天的工作进行总结，对明天的日程进行规划。

晚上10：00以后：疲惫的大脑需要休息和调整，赶快美美地睡上一觉吧！

2. 每天定时完成日常工作

你每天都需要做一些日常工作，以和别人保持必要的接触，或者保持一个良好的工作环境。这些工作包括查看电子邮件、和同事或上级交流、浏览你必须访问的网页、打扫卫生等等。

处理这些日常工作的最佳方法是定时完成：在每天预定好的时刻集中处理这些事情，可以是一次也可以是两次，并且一般都安排在上午或下午工作开始的时候，而在其他时候，不要去想它。

3. 列出工作计划

做工作计划能让你更加清楚地了解当前最急需做的工作是什么，并能提高工作效率、管理时间、管理自身等等。做工作计划的顺序是：年计划 → 月计划→周计划→日计划。

工作计划要根据自身的能力和工作的轻重缓急去制订，切忌眼高手低，盲目计划。那么，如何做计划呢？在这里，我们可以借助"时间四象限法则"。

时间四象限法则是时间管理理论的一个重要概念，指有重点地把主要的精力和时间集中地放在处理那些重要但不紧急的工作上，这样可以做到未雨绸缪，防患于未然。具体做法是：把要做的事情按照紧急、不紧急、重要、不重要进行排列组合，分成四个象限。

第一象限是一些紧急而重要的事情，必须首先处理，优先解决。

第二象限是不紧急但重要的事情，需要我们制订计划，按部就班地高效完成。计划、准备、学习、培训都是此类事情。

第三象限是紧急但不重要的事情。这些不重要的事件往往因为它紧急，就会占据人们的很多宝贵时间，因此我们要学会拒绝这类事情或与他人分担。

第四象限大多是些琐碎的杂事，没有时间的紧迫性，没有任何的重要性，非常浪费时间，我们要避免做此类事情。

我们可以像下图那样，将自己的事情填入象限内，进行分辨。

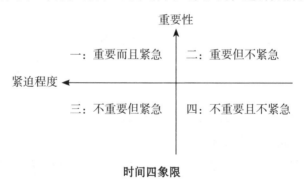

时间四象限

【探索活动】

询问自己的家人和已经毕业的学长，了解他们的工作时间。

（1）＿＿＿＿＿＿＿＿＿＿＿＿＿＿＿＿＿＿＿＿＿＿＿＿＿。

（2）＿＿＿＿＿＿＿＿＿＿＿＿＿＿＿＿＿＿＿＿＿＿＿＿＿。

（3）＿＿＿＿＿＿＿＿＿＿＿＿＿＿＿＿＿＿＿＿＿＿＿＿＿。

（4）＿＿＿＿＿＿＿＿＿＿＿＿＿＿＿＿＿＿＿＿＿＿＿＿＿。

主题四 知道社会保障

【活动导入】

1. 了解名词

查阅相关资料，了解以下名词：

（1）保险。

（2）社会保障。

（3）五险一金。

2. 了解社会保障

查阅资料，了解我们国家有哪些社会保障。

【知识要点】

一、什么是社会保障

社会保障是指国家通过立法，积极调动社会各方面的资源，保证无收入、低收入以及遭受各种意外灾害的公民能够维持生存，保障劳动者在年老、失业、患病、工伤、生育时的基本生活不受影响，同时根据经济和社会发展状况，逐步提高公共福利水平，提高国民生活质量。

目前我国在建的社会保障制度属于社会共济模式，即由国家、单位（企业）、个人三方共同为社会保障计划融资。

二、社会保障的内容

社会保障由社会保险、社会救济、社会福利、优抚安置等组成。其中，社会保险是社会保障的核心内容。

（一）社会保险

社会保险是指国家通过立法建立的一种社会保障制度，目的是使劳动者因年老、失业、患病、工伤、生育而减少或丧失劳动收入时，能从社会获得经济补偿和物质帮助，保障基本生活。从社会保险的项目内容看，它是以经济保障为前提的。一切国家的社会保险制度，不论其是否完善，都具有强制性、社会性和福利性3个特点。按照我国劳动法的规定，社会保险项目分为养老保险、失业保险、医疗保险、工伤保险和生育保险。社会保险保障的对象是全体劳动者，资金主要来源是用人单位和劳动者个人的缴费，政府给予资助。依法享受社会保险是劳动者的基本权利。

（二）社会救济

社会救济是指国家和社会对生活在贫困线以下的低收入者或者遭受灾害的生活困难者提供无偿物质帮助的一种社会保障制度。从历史发展的角度看，社会救济先于社会保险。早在1536年，法国就通过立法要求在教区进行贫民登记，以维持贫民的基本生活需求。1601年，英国制定了济贫法，规定对贫民进行救济。中国古代的"义仓"也是一种救济制度。这些都是初级形式的社会救济制度。维持最低水平的基本生活是社会救济制度的基本特征。社会救济经费的主要来源是政府财政支出和社会捐赠。

（三）社会福利

广义的社会福利是指国家为改善和提高全体社会成员的物质生活和精神生活所提供的福利津贴、福利设施和社会服务的总称。狭义的社会福利是指国家向老人、儿童、残疾人等社会中需要给予特殊关心的人群提供的必要的生活保障。

（四）优抚安置

优抚安置是指国家对从事特殊工作的人及其家属，如军人及其亲属予以优待、抚恤、安置的一项社会保障制度。在我国，优抚安置的对象主要是烈士遗属、复员军人、退伍军人、残疾军人及其家属；优抚安置的内容主要包括提供抚恤金、优待金、补助金，创办军人疗养院、光荣院，安置复员、退伍军人等。

（五）社会互助

社会互助是指在政府鼓励和支持下，社会团体和社会成员自愿组织和参与的扶弱济困活动。社会互助具有自愿和非营利的特征，其资金主要来源于社会捐赠和成员自愿交费，政府往往从税收等方面给予支持。社会互助主要形式包括：工会、妇联等群众团体组织的群众性互助互济；民间公益事业团体组织的慈善救助；城乡居民自发组成的各种形式的互助组织等。

三、五险一金

五险一金是指用人单位给予劳动者的几种保障性待遇的合称，包括养老保险、医疗保险、失业保险、工伤保险、生育保险及住房公积金，如下图所示。

五险一金

其中，五险一金里面的五险是法定的，而一金不是法定的。缴纳社会保险是国家强制性的要求，公积金缴纳由企业决定。其中，养老保险、医疗保险和失业保险，这3种险是由企业和个人共同缴纳保费的，工伤保险和生育保险完全是由企业承担的，个人不需要缴纳。

不同的地区，五险一金的缴纳比例也是不同的，缴纳金额的计算方法是：基数×比例。基数是以工资总额为基数，具体比例要向当地的劳动部门去咨询。以2017年兰州五险一金缴纳比例为例，见下表。

2017年兰州五险一金缴纳比例

序号	项目	最低基数	最高基数	企业缴纳			个人缴纳		
				比例	缴纳下限	缴纳上限	比例	缴纳下限	缴纳上限
1	养老保险	2723	13614	19%	517.37	2586.66	8%	217.84	1089.12
2	失业保险	2723	13614	1.2%	32.68	163.37	0.3%	8.17	40.84
3	医疗保险	2723	13614	8%	217.84	1089.12	2%	54.46	272.28
4	大病补助	4040	4040		10.00	10.00		10.00	10.00
5	工伤补助	2723	13614	0.5%	13.62	68.07	0%	0	0
6	生育保险	2723	13614	0.5%	13.62	68.07	0%	0	0
7	公积金	3017	15083	5%	150.85	754.15	5%	150.85	754.15
合计					955.97	4739.44		441.32	2166.39

（一）养老保险

养老保险全称社会养老保险金，即由社会统筹基金支付的基础养老金和个人账户养老金组成，是社会保障制度的重要组成部分，是社会保险五大险种中最重要的险种之一。

1. 具体内容

养老保险的个人账户由被保险人缴纳的基本养老保险费和个人账户储存额的利息构成。

个人账户储存额只能用于被保险人养老，不得提前支取。被保险人死亡后，个人账户储存额或者余额中个人缴纳的基本养老保险费及其利息可以依法被继承。

2. 享受待遇

（1）按月领取按规定计发的基本养老金，直至死亡。基础养老金计算公式是：

基础养老金=（全省上年度在岗职工月平均工资+本人指数化月平均缴费工

资）÷2×缴费年限×1%。

如果难以计算，现在网上有很多养老金计算器，可以直接计算，如下图所示。

网上养老金计算器

（2）死亡待遇。

① 丧葬费。

② 一次性养老保险抚恤费。

③ 领取社保退休金的死者的直系亲属符合领取生活困难补助费的标准的，按当地上半年度职工平均工资6个月发给。（其中，领取财政退休金的是按月发放，直至供养直系亲属死亡。）

（3）国家和本市规定的其他支付项目的费用。

3. 满足条件

（1）达到法定离、退休年龄，办理相关手续。

（2）缴费年限累计满15年。

退休的具体要求，如下图所示。

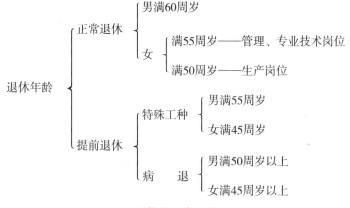

退休的具体要求

（二）医疗保险

医疗保险是职工因疾病、负伤后，提供必要的医疗服务或物质帮助的一种社会保障制度。

1. 具体内容

基本医疗保险基金实行社会统筹和个人账户相结合的原则。基本医疗保险基金分为3个部分：统筹基金、大额互助基金和个人账户。

2. 缴纳医疗保险的好处

（1）农村户籍个人无须交费。

（2）减轻医疗负担。

（3）个人账户自由支配。

3. 使用方法

办理医保的人会收到一张社会保障卡（见下图），个人缴纳的医疗保险，还有单位为个人缴纳的医疗保险的一部分，会被存进这张卡里，以供个人看病，及没有达到医疗费报销标准时取用。而所谓的报销标准，各个地区都不同。在生病、住院的时候要主动出示此卡。

社会保障卡

病人到门诊就医流程如下图所示。

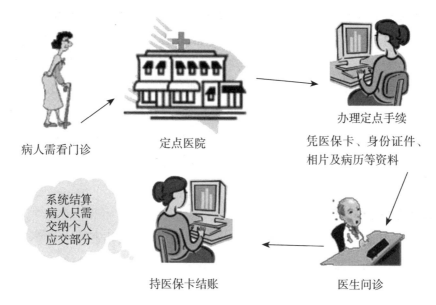

病人需看门诊　　　定点医院　　　办理定点手续

凭医保卡、身份证件、相片及病历等资料

系统结算病人只需交纳个人应交部分

持医保卡结账　　　医生问诊

门诊就医流程

关于居民医保报销比例以某地为例，见下表。

居民医保报销比例

医疗机构类别	基本医疗保险待遇			大病补助保险待遇		
	起付标准	支付比例	最高支付限额（元/年）	支付比例	最高限额（元/年）	累计最高支付限额（元/年）
社区服务中心	300	80%	100000	80%	300000	400000
一类区级	500	80%		80%		
二级市级	800	75%		75%		
三级省级	1000	70%		70%		

4. 大病保险

普通社保不包含大病保险。大病保险有两种：一是个人或者个人所在单位向商业保险公司购买的重疾产品；二是某些地区、某些行业为参保者提供的疾病保险，属于补充医疗的一部分。

（三）生育保险

生育险是由单位全额缴纳的，基本涵盖了一切和生育相关的费用。报销范围包括生育津贴、医疗费用、计划生育手术医疗费用等等。如果你在公立医院通过常规途径生孩子（私立医院、特需病房不在此列），从产检到完成生育，只要你缴过一年以上的生育险，那么费用大部分都可以报销。生育险不只和女性有关，上了生育险的男性不仅能给没上险的妻子报销一半的生育费用，自己也能享受一定的假期和津贴。至于生育津贴的发放仍然需要单位出面办理，具体可以咨询劳动保障部门。

（四）工伤保险

1. 认定为工伤的情况

（1）在工作时间和工作场所内，因工作原因受到事故伤害的。

（2）工作时间前后在工作场所内，从事与工作有关的预备性或者收尾性工作受到事故伤害的。

（3）在工作时间和工作场所内，因履行工作职责受到暴力等意外伤害的。

（4）患职业病的。

（5）因工外出期间，由于工作原因受到伤害或者发生事故下落不明的。

（6）在上下班途中，受到非本人主要责任的交通事故或者城市轨道交通、客运轮渡、火车事故伤害的。

（7）法律、行政法规规定的应当认定为工伤的其他情形。

2. 准备资料

提供历次病、伤、残医院治疗的原始病历，属因工伤残的，需持工伤事故调查报告及有关材料；属职业病的，需持卫生部门授权的职业病防治所（院）提供的诊断资料；属精神病的，需持精神病院的诊断资料；其他情况，需持有说服力的证明等报劳动鉴定委员会。

3. 工伤申请流程

工伤申请流程如下图所示。

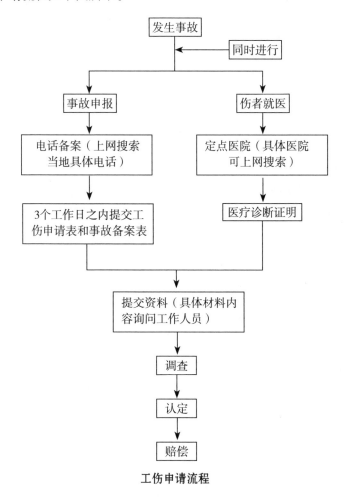

工伤申请流程

（五）失业保险

1. 领取失业金的条件

（1）参加失业保险满1年或者以上。

（2）个人非自愿失业，也就是说主动辞职不符合条件。

（3）办理了失业手续（需要办理《就业失业登记证》）。

2. 具体金额

失业保险金发放标准按失业人员失业前12个月平均缴费基数的40%确定，最高不超过当地最低工资标准，最低不低于当地城镇居民最低生活保障标准的

1.5倍，失业金累积领取最多24个月。

（六）住房公积金

住房公积金是单位及其在职职工缴存的长期住房储金。单位和职工都有缴存住房公积金的义务。

1. 缴纳住房公积金的好处

（1）一份投入，两份回报。

（2）免征个人所得税。

（3）符合条件可申请名下公积金。

（4）申请低息的公积金贷款。

（5）退休时能积累一笔养老储备金。

2. 公积金提取

（1）申请条件

职工有下列情形之一的，可申请提取住房公积金：

① 购买、建造、翻建或大修具有所有权的自住住房的。

② 偿还购房贷款本息的。

③ 租房自住的。

④ 离休、退休（或达到法定退休年龄）的。

⑤ 完全丧失劳动能力，并与所在单位终止劳动关系的。

⑥ 出境定居的。

⑦ 非本市户口职工与单位终止劳动关系的。

⑧ 户口迁出本市，并与所在单位终止劳动关系的。

⑨ 下岗、失业人员，男性45岁（含45岁）、女性40岁（含40岁）以上，且连续下岗、失业12个月以上的。

⑩ 职工死亡或被宣告死亡，其继承人、受遗赠人申请提取职工住房公积金账户内缴存余额的。

（2）办理流程

部分提取办理流程：单位或职工提供要件材料 → 银行经办网点受理并录入扫描资料 → 中心审批（不超过3个工作日）→ 提取转账。提取申请人对审核意见有异议的，可至提取房屋所在行政区域的中心办事处或管理部申请复核。复核申请在5个工作日内给予答复。

销户提取办理流程：单位或职工提供要件材料 → 银行经办网点受理审核材料并办理提取（不超过3个工作日）→ 提取转账。提取申请人对审核意见有异议的，可至受理网点所在行政区域的中心办事处或管理部申请复核。复核申请在5个工作日内给予答复。

（3）办理材料

职工符合提取条件的，应提供"住房公积金提取申请表"、本人身份证、提取申请人银行活期存折或储蓄卡、相应证明材料。销户提取的，如已领取对账簿的职工还需提供对账簿原件。

【探索活动】

1. 了解自己的亲朋好友是否有五险一金。如果他们并不太了解，可以将自己所学的知识与他们分享。

2. 设想自己将来会在哪里工作，并了解当地的社会保障有哪些。

第三篇

认识职业

维持一个人的生命的事物，是他的事业。

——爱默生

当我们从中专毕业后，我们就要开始选择职业方向了。职业不同于工作，工作只是我们职业生涯过程当中的某个点，而职业则是贯穿我们一生的活动。如果我们将自己的职业作为人生奋斗的目标，那么职业就成了我们的事业。

职业不仅仅是谋生的工具，更是提升自己的方式。人的生命只有一次，在离开世界之前，没有人会为少挣了多少钱而遗憾，只会为在自己的职业中没有获得成就，从而虚度人生而懊悔。

主题一　了解行业与岗位

【活动导入】

大家听过"三百六十行，行行出状元"这句话吗？对这句话你们如何理解呢？

【知识要点】

一、行业

1. 什么是行业

俗话说，"三百六十行，行行出状元"。意思是说，不论从事哪一种行业，只要热爱本职工作，都能做出优异的成绩。那么，什么是行业呢？

行业一般是指其按生产同类产品或具有相同工艺过程或提供同类劳动服务划分的经济活动类别，如餐饮行业、服装行业、机械行业、金融行业、移动互联网行业等。

2. 分类

随着科技的不断进步和人类生活交往的频繁，有很多行业在不断地兴起，也有很多行业不断地消失，如计算机的制造行业、维修行业等等。

根据国家统计局2017年发布的《2017国民经济行业分类》，目前我国的经济行业共分为20大类、97中类。行业的分类及代码见下表。

行业的分类及代码

A	农、林、牧、渔业	G	交通运输、仓储和邮政业
01	农业	53	铁路运输业
02	林业	54	道路运输业
03	畜牧业	55	水上运输业
04	渔业	56	航空运输业

05	农、林、牧、渔专业及辅助性活动	57	管道运输业
B	采矿业	58	多式联运和运输代理业
06	煤炭开采和洗选业	59	装卸搬运和仓储业
07	石油和天然气开采业	60	邮政业
08	黑色金属矿采选业	H	住宿和餐饮业
09	有色金属矿采选业	61	住宿业
10	非金属矿采选业	62	餐饮业
11	开采专业及辅助性活动	I	信息传输、软件和信息技术服务业
12	其他采矿业	63	电信、广播电视和卫星传输服务
C	制造业	64	互联网和相关服务
13	农副食品加工业	65	软件和信息技术服务业
14	食品制造业	J	金融业
15	酒、饮料和精制茶制造业	66	货币金融服务
16	烟草制品业	67	资本市场服务
17	纺织业	68	保险业
18	纺织服装、服饰业	69	其他金融业
19	皮革、毛皮、羽毛及其制品和制鞋业	K	房地产业
20	木材加工和木、竹、藤、棕、草制品业	70	房地产业
21	家具制造业	L	租赁和商务服务业
22	造纸和纸制品业	71	租赁业
23	印刷和记录媒介复制业	72	商务服务业
24	文教、工美、体育和娱乐用品制造业	M	科学研究和技术服务业
25	石油、煤炭及其他燃料加工业	73	研究和试验发展
26	化学原料和化学制品制造业	74	专业技术服务业
27	医药制造业	75	科技推广和应用服务业
28	化学纤维制造业	N	水利、环境和公共设施管理业
29	橡胶和塑料制品业	76	水利管理业
30	非金属矿物制品业	77	生态保护和环境治理业
31	黑色金属冶炼和压延加工业	78	公共设施管理业
32	有色金属冶炼和压延加工业	79	土地管理业

续　表

33	金属制品业	O	居民服务、修理和其他服务业
34	通用设备制造业	80	居民服务业
35	专用设备制造业	81	机动车、电子产品和日用产品修理业
36	汽车制造业	82	其他服务业
37	铁路、船舶、航空航天和其他运输设备制造业	P	教育
38	电气机械和器材制造业	83	教育
39	计算机、通信和其他电子设备制造业	Q	卫生和社会工作
40	仪器仪表制造业	84	卫生
41	其他制造业	85	社会工作
42	废弃资源综合利用业	R	文化、体育和娱乐业
43	金属制品、机械和设备修理业	86	新闻和出版业
D	电力、热力、燃气及水生产和供应业	87	广播、电视、电影和录音制作业
44	电力、热力生产和供应业	88	文化艺术业
45	燃气生产和供应业	89	体育
46	水的生产和供应业	90	娱乐业
E	建筑业	S	公共管理、社会保障和社会组织
47	房屋建筑业	91	中国共产党机关
48	土木工程建筑业	92	国家机构
49	建筑安装业	93	人民政协、民主党派
50	建筑装饰、装修和其他建筑业	94	社会保障
F	批发和零售业	95	群众团体、社会团体和其他成员组织
51	批发业	96	基层群众自治组织及其他组织
52	零售业	T	国际组织
		97	国际组织

二、岗位

1. 什么是岗位

在很多解释中，职位和岗位的定义是一致的，也就是说，职位即岗位。岗位是组织要求个体完成的一项或多项责任以及为此赋予个体的权力的总和。

但如果仔细划分，职位和岗位也有区别。职位是随组织结构定的，而岗位是随事定的，也就是我们常说的因事设岗。一个职位一般是将某些任务、职责和责任组合为一体；而一个岗位则是指由一个人所从事的工作。岗位与人对应，通常只能由一个人担任，一个或若干个岗位的共性体现的就是职位，即职位可以由一个或多个岗位组成。例如，制造型企业的生产部门的操作员是一个职位，这个职位由很多岗位的员工担任。如果具体到某个工序，就是岗位了，如钻孔操作员。操作员的职位可能由钻孔操作员、层压操作员、丝印操作员等岗位组成。

2. 残疾人岗位制度

国家规定，企事业单位招收残疾人也应明确其岗位职责，使其有明确的目标。切记，既不可由于其特殊情况忽略其岗位职责，使其工作毫无归属感和定位；也不能不考虑其特殊情况而乱定岗位职责，使其承担不应承担的工作职责。

各地公布的《岗位开发管理暂行办法》和《就业资金管理暂行办法》都规定了关于残疾人公益岗位的招收和补贴。其中，岗位分类见下表。

岗位分类

01	经营管理类	19	商场类
02	公关/市场营销类我	20	电气/电力类
03	贸易/销售/业务类	21	咨询/顾问类
04	财务类	22	化工/生物类
05	行政/人力资源管理类	23	文化/教育/体育/艺术类
06	文职类	24	医疗卫生/护理/保健类
07	客户服务类	25	新闻/出版/传媒类
08	工厂类	26	公共服务类
09	计算机/互联网类	27	印刷/染织类
10	电子/通讯类	28	技工类
11	机械类	29	其他专业类
12	规划/建筑/建材类	2901	食品类
13	房地产/物业管理类	2902	造纸类
14	金融/经济	2903	家具制造类
15	设计类	2904	农、林、牧、渔/水利类

续 表

16	法律类	2905	地质/矿产类
17	酒店/餐饮类	2906	环境保护/检测/治理类
18	物流/交通运输类		

【探索活动】

1. 调查你的亲朋好友，给他们的工作按照行业和岗位分类。

_____。

_____。

_____。

_____。

2. 列举几个你喜欢的职业，对这几个职业按照行业和岗位分类。

_____。

_____。

_____。

_____。

主题 二 探索职业

【活动导入】

同学们，你们小的时候是否想过长大以后要做什么？是做一名军人保家卫国，还是做一名教师教书育人？当你们走进特殊职业中专的大门时，是否对未来充满了希望和憧憬？也许你会感到迷惑，不知道自己今后会做什么，甚至不明白自己为什么要工作。

那么，我们为什么要工作呢？首先，让我们来了解一下什么是职业。

请说出下图中的人都从事什么职业。

不同人从事的职业

【知识要点】

一、什么是职业

不同的人对职业有着不同的理解。有人认为，职业就是"工作"，有人认为职业是一种"生活来源"，也有人认为职业是一种等级身份。

事实上，职业是人们为了生存和发展而从事的相对稳定的、有收入的特殊社会活动。职业通常又称为工作岗位。

职业具有社会性，每一个人都将在社会中扮演角色。同学们中专毕业后，就将开始寻找适合自己的职业，成为社会中的一员，为社会的发展做出自己的贡献，并得到一定的收入。职业只有分工不同，而没有贵贱之分，每一种职业都是社会分工的一个部门。如果将社会比作是一部大机器，那么各种职业就是机器上的一个个零件，各自承担着特定的职责，从而保证了整个社会正常有序地运转。

二、职业的性质与意义

1. 职业的性质

职业的性质有很多，主要的性质有以下几个。

（1）连续性

一个人只有在较长时间内连续进行某种活动，并通过这项活动较稳定地获得一定的经济收入，该活动才被视为职业活动。

（2）专业性

从事某一种职业，就必须具备专门的知识、能力和特定的职业道德品质。

（3）规范性

职业活动必须符合国家法律规定，遵循职业规范。

（4）多样性

随着社会的进步，社会分工越来越细，职业种类也越来越多。

（5）时代性

随着社会的发展，很多职业也在不断地产生与消亡。比如，计算机发明出来以后，就出现了打字员、程序设计员等。再比如，寻呼机淡出中国舞台后，寻呼员这一职业也消亡了。

除了上述性质之外，职业的性质还有目的性、社会性、经济性等等。

2. 职业的意义

（1）职业是谋生的手段

人们通过职业为社会奉献劳动，社会按照一定的标准付给劳动者报酬，即按劳分配。这些报酬成为劳动者及其家庭成员生存和发展的主要经济来源。目前我国实行的是"按劳分配，效率优先，兼顾公平"的分配原则，每个劳动者参加职业劳动的数量和质量将直接决定其财富的多少。

（2）职业能满足人们的精神需要，促进个性的健康发展

职业是个人获得名誉、地位、权利、成就、尊重以及自我实现等精神需要的重要途径。通过职业，我们可以发挥自己的特长，锻炼自己的能力。每种职业都有其独特的活动内容和要求，对从业者的生理和心理必然产生重大的影响。当这种工作能够使个人的才能得到发挥、个性得到不断发展和完善时，它就成为促进个性健康发展的途径。

（3）职业是劳动者为社会作贡献的途径，是社会存在和发展的基础

社会的进步离不开劳动者的贡献，而劳动者通过职业对社会做出贡献。

三、职业的发展与分类

1. 职业的演变

职业是社会分工的产物，职业的演化是一个漫长、复杂的过程。随着生产力的不断发展，历史上有三次社会大分工，职业也随之产生和变化。

（1）第一次社会大分工

原始社会，由于生产力水平低下，只存在自然分工，男的捕鱼、打猎，女的采集果实、料理家务。

原始社会的人们在进行生活资料的交换

第一次社会大分工发生在原始社会后期，畜牧业从农业中分离出来，从而使生活资料的经常交换成为可能。这个时期诞生了农民和牧民这两种职业。

到了奴隶社会，由于生产力有所发展，有了剩余产品，一些人因此摆脱体力劳动，出现了管理者。

（2）第二次社会大分工

第二次社会大分工发生在原始社会末期，手工业从农业中分离出来。

随着生产力的发展特别是金属工具的采用，当时出现了各种各样的手工业生产，如纺织、榨油、酿酒、金属加工和武器制造等，它们逐渐从农业中分离出来。

这次大分工形成了很多以手工业为主的职业，如纺织工、铁匠等。

古代劳动人民炼铁图

（3）第三次社会大分工。

第三次社会大分工发生在原始社会瓦解、奴隶制社会形成的时期。这个时期分离出了专门从事商品交换的商业，并出现了专门从事商业的活动的人：商人。

东汉市集画像砖

《清明上河图》（局部）中的街市

（4）社会发展和科技进步推动了职业演变

工业革命之后，经济发展成为社会发展的基础。经济发展的结果是产业结构、职业结构变迁速度加快。

社会分工的发展与科学技术的进步，带来新技术、新设备、新工艺、新产品，对它们的研究和应用必然带来新旧职业的更替。例如，计算机的发展、激光照排技术的发明和应用，使铅字排字员失业，出现计算机打印、激光照排的职业。

2. 产业

所谓产业，是指不同的国民经济部门，即由于社会劳动分工而独立的专门从事某一类别的生产经营活动的单位的总和。一个国家的经济总体水平，在很大程度上取决于这些产业的发展状况。产业通常分为3种：

第一产业为农业，包括农、林、牧、渔各业。

第二产业为工业，包括采掘、制造、自来水、电力、蒸汽、热水、煤气和建筑各业。

除第一和第二产业外的其他各行业统称为第三产业。我国将第三产业分为流通和服务两大部门。第三产业基本是一种服务性产业。

每一种产业都有它的作用，第一产业和第二产业是第三产业的基础，第三产业反过来促进第一、第二产业的发展。只有各种产业相互配合，才能促进经济的发展。

3种产业的关系如下图所示。

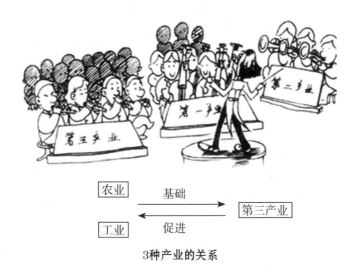

农业 → 基础 → 第三产业
工业 ← 促进

3种产业的关系

3. 职业的分类

2015年，劳动和社会保障部制定了《中华人民共和国职业分类大典》，把我国职业分为8个大类、75个中类、434个小类、1481个职业。

这8个大类分别是：

（1）国家机关、党群组织工作人员、企事业单位管理人员。

（2）各类产业技术人员。

（3）办事人员和有关人员。

（4）商业与服务人员。

（5）农、林、牧、渔业生产人员。

（6）生产人员、运输人员及有关人员。

（7）不便分类的其他劳动者。

（8）军队。

国际与国内职业分类见下表。

国际与国内职业分类

类别	国际标准职业分类	中国国家职业分类
1	专家、技术人员和有关工作者	专业技术人员
2	政府官员和企业经理	国家机关、党群组、企事业单位负责人
3	事务性行政工作者	办事人员和有关工作者
4	销售工作者	商业和服务业人员
5	服务工作者	军人
6	农业、牧业和林业工作者，渔民和猎人	农、林、牧、渔、水利业生产人员
7	生产和相关行业工作者、运输设备操纵者和劳动者	生产、运输设备操作人员及有关人员
8	不能按职业分类的工作者	不便分类的其他人员

未来的职业将出现专业化、智能化、综合化的特点，与高新技术有关的职业和与第三产业有关的职业将得到发展。

第三产业是未来职业发展的主要方面，因此，第三产业将是听障学生未来就业的主要方向。

【探索活动】

1. 询问亲朋好友，画出家庭职业树，如下图所示。

2. 绘制本专业的职业树。

职业树

主题 三 我的职业理想

【活动导入】

请同学们讨论自己的理想是什么。

【知识要点】

一、职业理想

职业理想是人们在职业上依据社会要求和个人条件，借想象而确立的奋斗目标，即个人渴望达到的职业境界。它是人们实现个人生活理想、道德理想和社会理想的手段，并受社会理想的制约。

职业理想是人们对职业活动和职业成就的超前反映，与人的价值观、职业期待、职业目标密切相关，与世界观、人生观密切相关。

职业理想是职业素质之魂。面对纷繁复杂的世界，只有树立了正确的职业理想，才能根据社会的发展和个人的特点进行职业生涯规划，促使自己奋发向上、勇于开拓，在未来的工作中取得应有的成就。科学的职业理想是一个人成就事业、为社会做出贡献的内在精神力量。

二、职业理想的特性

1. 差异性

职业是多样性的。一个人选择什么样的职业，与他的思想品德、知识结构、能力水平、兴趣爱好等都有很大的关系。政治思想觉悟、道德修养水平以及人生观决定着一个人的职业理想方向；知识结构、能力水平决定着一个人职业理想追求的层次；个人的兴趣爱好、气质性格等非智力因素以及性别特征、身体状况等生理特征也影响着一个人的职业选择。因此，职业理想具有一定的个体差异性。

2. 发展性

一个人的职业理想的内容会因时因地因事的不同而变化。随着年龄的增长、社会阅历的增强、知识水平的提高，职业理想会由朦胧变得清晰，由幻想变得理智，由波动变得稳定。因此，职业理想具有一定的发展性。孩提时代，想当一名警察，长大后却成了一名教师的事实就说明了这一点。

3. 时代性

社会的分工、职业的变化，是影响一个人职业理想的决定因素。生产力发展的水平不同、社会实践的深度和广度不同，人们的职业追求目标也会不同。

三、如何确立科学的职业理想

（1）我们要对自身有一个全面的了解。只有从自己所受的教育、能力倾向、个性特征、身体健康状况出发，才能够准确定位，瞄准适合自己的岗位不懈努力。

（2）了解听障人士都适合哪些职业，以及这些职业都有哪些要求。比如，广告设计就要求从业者有很强的美术专业技能、创新能力等等。

（3）了解社会的需求和职业发展趋势。例如，有些职业一时需求量大，竞争激烈，但随着社会的发展将日趋衰落；有些职业暂时处于被冷落的状态，但随着社会的发展会日益兴旺。

（4）职业理想受社会理想的制约，因此我们的理想要符合社会理想。现阶段我国的理想是建设中国特色的社会主义，把我国建设成为富强、民主、文明的社会主义现代化国家，那么我们的理想就应当符合这些方面。

（5）符合正确的人生观和价值观。有的同学为了金钱树立了不正确的职业理想，结果最终走上了犯罪的道路。

（6）树立远大的职业理想。听障人士也是社会的一分子，也能对社会有所贡献。

【探索活动】

说一说自己理想的职业，并讨论想要得到自己理想的职业应该做些什么。

主题四　我的职业素质

【活动导入】

有人说："一个人的素质是后天养成的，与先天因素无关。"还有人说："一个精神病人，让他提高素质，休想！"

对此你有什么看法呢？

【知识要点】

一、什么是素质

打开字典，我们会发现关于"素质"有很多种定义，但总的来说，素质是指人在先天禀赋的基础上，通过环境和教育的影响而形成和发展起来的相对稳定的内在的基本品质。

素质可以分为3类：自然素质、心理素质和社会素质。这3类素质是一个由低级到高级的过程，它们相互作用，缺一不可，如下图所示。

（素质的前提和基础）　　　　　（相对稳定的内在品质）

素质的形成过程

二、职业素质及其特征

职业素质是个人素质中非常重要的部分，也是劳动者就业的基本条件。

职业素质是指从业者在一定生理和心理条件基础上，通过教育培训、职业实践、自我修炼等途径形成和发展起来的，在职业活动中起决定性作用的、内在的、相对稳定的基本品质，是劳动者对社会职业了解与适应能力的一种综合体现。职业素质有以下特征。

1. 专业性

不同行业对从业者的职业素质要求有所不同。

2. 稳定性

稳定性是指职业素质一经形成，便会在劳动者的职业生活中表现出来，如军人气质等。

3. 内在性

内在性是指职业素质以潜能的形式存在，只有在职业活动中才能显现出来。

4. 整体性

整体性是从业者各方面能力和品质的综合体现。一个劳动者想要在职业中有所成就，不但要具有一定的知识、技能，还要具有一定的信念、人际沟通能力等综合素质。

5. 发展性

发展性表现为随着社会的发展，职业对从业者素质的要求越来越高。

影响和制约职业素质的因素很多，主要包括：受教育程度、实践经验、社会环境、工作经历以及自身的一些基本情况（如身体状况等）。

一般说来，劳动者能否顺利就业并取得成就，在很大程度上取决于本人的职业素质。职业素质越高的人，获得成功的机会就越多。面对严峻的就业现状，我们无法改变外部的环境，只能提高我们自身的职业素质。

三、职业素质的具体内容

职业素质包括思想政治素质、职业道德素质、科学文化素质、专业技能素质、身体心理素质和综合素质等，如下图所示。

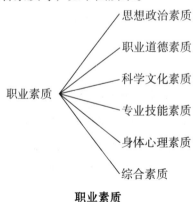

职业素质

（一）思想政治素质

思想政治素质是指从业者的政治方向、政治态度、理想信念、价值观等方面的状况和水平。思想政治素质分为两个方面：政治素质和思想素质。

> 名言：
>
> 吾爱吾师，吾更爱真理。
>
> ——亚里士多德

政治素质是指政治立场、政治观点、政治信念与信仰等方面的素质。思想素质是指思想认识、思想觉悟、思想方法、价值观念等方面的素质。思想素质受客观环境等因素影响，如家庭、社会、环境等。

思想政治素质是职业素质的灵魂，规定着其他素质的性质和方向。

（二）职业道德素质

职业道德素质是指从业者在职业活动中表现出来的遵守道德规范的状况和水平。职业道德素质包括职业态度、职业道德修养等。

职业道德素质的核心是为人民服务。

社会主义职业道德的基本原则是集体主义。

职业道德是职业素质之本。中专学生毕业后是否能胜任工作岗位要求和发挥应有的作用，既要看其专业知识与技能的掌握程度，更要看其对待工作的态度和责任心，也就是职业道德素质。

（三）科学文化素质

科学文化素质是职业素质的核心素质之一，是工作能力、工作效率的体现。

科学文化素质是人在处理与自然和社会的关系中应该具备的知识、精神要素（价值观念）和实践能力。它与思想道德素质、健康素质一起构成了民族的整体素质。它应当包括受教育程度、科学精神、科学水平、精神状态、文化修养、创新意识和创新能力等多方面的因素。

由于社会的发展和科技的进步，职业对劳动者所具备的科学文化素质的要求越来越高，因此，现代社会对职位的竞争已经演变成了应聘者所具有的科学文化素质的竞争，即使对听障人士来说也是毫不例外。

那么，我们应当拥有哪些主要的科学文化素质呢？

1. 求知欲

求知欲就是探求知识的强烈欲望，是学习和接受新知识的动力。有的同学认为现在到了中专面临着就业，已经不需要继续学习了。这种想法是错误的，因为即使在工作岗位上，身处不断前进的社会之中，我们仍然需要不断学习，才不会被淘汰。

2. 科学精神

科学精神是人们在长期的科学实践活动中形成的共同信念、价值标准和行为规范的总称。科学精神包括的特征和内容很多，但总的来说包括：求实、创新、进取、协作、怀疑、献身等。作为一名中专生，我们需要具备的科学精神有：脚踏实地、实事求是、勤于探索、勇于创新、善于合作。

（四）专业技能素质

专业技能素质是指人们从事某种职业时，在专业知识和专业技能方面所表现出来的状况和水平。它主要包括扎实的专业知识和熟练的专业技能两个方面。

那么，如何拥有专业技能素质呢？

1. 良好的基础知识

从小学开始到特殊教育职业中专，学校通过各种文化课，如政治、语文、数学、外语、体育、物理、化学、生物、历史、地理等的教学全面提高了学生的文化素质并为其专业基础知识的学习做好了准备，这样便于学生日后继续学习和深造，适应科技不断发展的要求。

2. 扎实的专业知识

在拥有了良好的基础知识之后，我们还应当着重掌握扎实的专业知识。专业知识是指建立在一般科学文化知识基础之上的与其所从事的职业密切相关的知识。例如，从事体育的人就要了解各种锻炼方法、体育知识、营养搭配知识等。

3. 熟练的专业技能

熟练的专业技能是指在领会专业知识的基础上，经过反复训练而形成的技术能力。比如，从事设计方面的人，就要有熟练的绘画技巧和使用绘图软件的能力。

会计专业的中职生在练习点钞　　　　烹饪专业的中职生在练习切菜

一个人的专业技能素质越强，在职业活动中所发挥的作用就越显著，越能受到工作单位的器重。

（五）身体心理素质

身体心理素质是从事职业活动的重要条件，也是生活幸福的依托。一个人只有身体健康、精力充沛、乐观自信，才能以积极的态度面对生活和工作中的困难与挫折。身体心理素质包括身体素质和心理素质。

1. 身体素质

俗话说："身体是革命的本钱。"拥有良好的身体素质，可以增加职业活动的时间，提高职业活动的质量。

30岁的人　　　　60岁的人
60岁的心脏　　　30岁的心脏

健康在于选择

身体素质是指人体各器官的机能状态和水平。我们应具备健康的体格、全面发展的身体耐力与适应性、合理的卫生习惯与生活规律等。

有很多同学因为功课等方面的原因忽视了身体素质的提高，结果在以后的工作中受到限制。身体素质可以通过慢跑、健身操等运动得到改变。

2. 心理素质

心理素质是指人的个性心理品质的状态和水平。我们应具备稳定向上的情感力量、坚强恒久的意志力量、鲜明独特的人格力量。

（1）稳定向上的情感力量

情感智力即情商（EQ），从本意上讲，是人们对自己情绪、情感的更高认识、理解和利用。情商包括5个方面：

① 认识自身情绪的能力。

② 妥善管理情绪的能力。

③ 自我激励的能力。

④ 认识他人情绪的能力。

⑤ 人际关系的管理能力。

读一读，想一想：

看一看，你们属于哪一种。

高情商	较高的情商
·尊重所有人的人权和人格尊严。 ·不将自己的价值观强加于他人。 ·对自己有清醒的认识，能承受压力。 ·自信而不自满。 ·人际关系良好，和朋友或同事能友好相处，善于处理生活中遇到的各方面的问题。 ·认真对待每一件事情。	·是负责任的好公民。 ·自尊。 ·有独立人格，但在一些情况下易受别人焦虑情绪的影响。 ·比较自信而不自满。 ·有较好的人际关系。 ·能应对大多数的问题，不会有太大的心理压力。
较低的情商	低情商
·易受他人影响，自己的目标不确定。 ·比低情商者善于原谅，能控制情绪。 ·能应付较轻的焦虑情绪。 ·把自尊建立在他人认同的基础上。 ·缺乏坚定的自我意识。 ·人际关系较差。	·自我意识差。 ·无确定的目标，也不打算付诸实践。 ·严重依赖他人。 ·处理人际关系能力差。 ·应对焦虑能力差。 ·生活无序。 ·无责任感，爱抱怨。

（2）坚强恒久的意志力量

意志是人们自觉地确定目的，并支配与调整自己的行为去克服各种困难，从而达到预定目的的心理活动。坚强恒久的意志是成就事业的基础。人的意志品质主要包括意志自觉性、意志果断性、意志坚持性、意志自制力。

（3）鲜明独特的人格力量

人格力量主要是指表现在外的力量。它主要指人的品行素质、思维素质和行为素质。

人格的内涵非常丰富，包括性格、气质、素质、兴趣、爱好、才能、能力、智力、理想、信念、道德品质、责任心、荣誉感等等。只有各方面协调、完善才是理想的人格。

（六）综合素质

综合素质指人具有的学识、才气、能力以及专业技术特长等综合条件，也称综合表现力。如果将前面所学的素质称为就业的"硬件"条件，综合素质就是"软件"条件，在工作中可以起到极大的作用。

1. 社会交往和适应素质

社会交往和适应素质包括语言表达能力、社交活动能力、社会适应能力等。

（1）语言表达能力

语言表达能力是现代人才必备的基本素质之一。有的同学认为自己因为无法说话而不需要语言表达能力。这种想法是错误的，因为无论你从事什么职业，都需要和人交流，都需要用到语言。不论口语、手语还是文字，都是语言表达的一种形式。

我们常常发现工作一段时间的听障人士语言表达能力会有很大的提高，这是因为工作时会和大量的健全人交流，使得他们的语言表达能力无形中提高了。因此，各位听障同学完全可以通过锻炼提高自己的语言表达能力，为今后的工作做准备。

（2）社会活动能力

社会活动能力是人类特有的一种社会现象，并与人类社会的发展互相依存。社会活动能力分为社交能力与社会适应能力。

社交能力简单地讲就是人际交往能力或为人处世的能力。拥有良好的社交活动能力可以获取更多的信息，得到更大的帮助，增进人们之间的感情，建立更多的人际关系，丰富人生阅历和人生情感。社会适应能力是指人在社会上生存需要的心理和生理上的各种适应性的改变，并对改变做出行动。

在学校，出于对安全的考虑和生活范围的狭小，同学们的社会活动能力比较薄弱，但是社会活动能力是可以锻炼的。

2. 学习和创新方面的素质

（1）学习能力

在平时的学习中，我们发现有的同学学得很快，而有的同学却学得既慢又辛苦，原因是学习能力的不同。学习能力不仅仅在学校，在今后的职业生涯中也有很重要的作用。

学习能力一般是指人们在正式学习或非正式学习环境下，自我求知、做事、发展的能力，包括注意力、观察力、记忆力、思维力、想象力、创造力、理解力等。保持良好的学习习惯，找到适合自己的学习方法可以提高学习能力。

（2）创新能力

创新能力是运用知识和理论，在科学、艺术、技术和各种实践活动领域中不断提供具有经济价值、社会价值、生态价值的新思想、新理论、新方法和新发明的能力。1998年，江泽民同志指出："创新是一个民族进步的灵魂，是一个国家兴旺发达的不竭动力。"创新能力是民族进步的灵魂、经济竞争的核心。当今社会的竞争，与其说是人才的竞争，不如说是人的创造力的竞争。

除以上能力外，综合能力还有很多，这里不再一一列举了，感兴趣的同学可以自行查阅相关书籍。

四、职业素质的提高

如何提高我们的职业素质呢？

1. 树立目标，制订计划

首先我们要了解自己的职业需要哪些素质，自己缺乏哪些职业素质，想要提高到什么程度。通过这些问题，我们就可以针对职业素质树立一个目标，并制订出一个有针对性的计划。

2. 注重职业素质的全面发展

一个水桶能盛多少水，并不取决于最长的那块木板，而是取决于最短的那块木板，这就是著名的"木桶理论"，也可称为短板效应，如右图所示。对于一个人的素质来说，整体的素质受每一种素质的影响，但最终取决于最低素质。

木桶的盛水量取决于桶壁上最短的木板

木桶理论

3. 与实践相结合

有一个成语叫作"屠龙之技"，比喻空谈理论，不能解决实际问题。有很多学生，在学校学到了一些知识，就觉得已经足够应付以后的工作了，但工作以后才发现自己的知识远远不够。因此，我们的学习应当与实践相结合，学以致用。

实践是认识的基础，实践是检验真理的唯一标准。对于中专生，实践有两个方面：一方面是对于所学知识要多动手去练习；一方面是指要多进行社会实践。

调查表明，用人单位普遍提出，中专毕业生必须具备较强的实践动手能力和现场解决实际问题的能力。在实际操作中，我们很容易就能发现自己的不足。而通过不断实践，我们又能提高自己解决问题的能力。事实上，不仅仅是专业课，几乎学校里所有的课程都需要通过动手实践或练习才能够掌握。

多进行社会实践，可以开阔眼界，更快地适应社会，为今后的工作打好基础。为了能够让同学们更好地进行社会实践，学校一般会在毕业前安排同学们实习，这是一次很好的锻炼机会。同时，同学们也可以利用假期进行各种社会实践活动。

【探索活动】

分析自己的职业素质：

思想政治素质：＿＿＿＿＿＿＿＿＿＿＿＿＿＿＿＿＿＿＿＿＿＿＿。

职业道德素质：＿＿＿＿＿＿＿＿＿＿＿＿＿＿＿＿＿＿＿＿＿＿＿。

科学文化素质：＿＿＿＿＿＿＿＿＿＿＿＿＿＿＿＿＿＿＿＿＿＿＿。

专业技能素质：＿＿＿＿＿＿＿＿＿＿＿＿＿＿＿＿＿＿＿＿＿＿＿。

身体心理素质：＿＿＿＿＿＿＿＿＿＿＿＿＿＿＿＿＿＿＿＿＿＿＿。

综合素质：＿＿＿＿＿＿＿＿＿＿＿＿＿＿＿＿＿＿＿＿＿＿＿＿＿＿。

主题 五 就业准备

【活动导入】

讨论：假如你明天就要上班了，你觉得你能胜任吗？你应该做哪些准备呢？

【知识要点】

一、在校期间就要做好就业准备

1. 要有就业意识

我们之所以考入中专，主要目的就是就业，我们平时所学习的内容，都是为我们今后的就业做准备的。因此，在进入中专的那一刻起，我们就要有就业意识，越早产生就业意识，越能提早对今后的就业进行规划。

2. 尽早确定职业目标

越早决定自己的职业目标，对中专生的就业准备越重要。很多同学到了中三，还在犹豫是继续升学还是就业。这种犹豫，无论对升学，还是就业都没有好处。

如果能早早决定就业，那么同学们在中专期间的重心就是学习与就业相关的知识，提高自己的综合素质。

3. 除学好本专业外，还要为就业而学习

离开学校，同学们会发现，自己再没那么多的时间学习了，因此，在校期间，同学们要利用宝贵的学习时间与学习资源好好学习。除了本专业的学习外，同学们还要为就业而学习，提高自己的专业能力。

4. 考取与就业相关的证书

现在的用人单位很重视就业者的职业素养。因此，结合自己的专业与职业兴趣，考几个对就业有帮助的证书，在面试时主动亮出与岗位相关的职业资格证书，是非常有利的。

5. 培养一个特长或爱好

多参加集体活动，尤其是体育活动、文艺活动，培养业余爱好和特长，这对就业有意想不到的帮助。

更有甚者，能够把爱好发展为事业，这也是最成功的就业或创业模式。例如，酷爱健身的人去当健身教练，把自己的爱好转化为事业，把自己从爱好中的受益传授给别人，让大家都受益。

6. 重视实习

在找工作的时候，没有工作经验是中专生最大的硬伤。但工作经验并不是完全不可以得到的，社会实践与实习是很好的提前获得工作经验的机会，一定要重视。

二、了解与就业相关的知识

1. 了解自己

在就业前，我们一定要对自己有所了解，分析自己的现状，弄清楚自己所擅长的是什么，自己的技能是否能够支撑自己完成那些工作。只有认清自己，才能有目的地择业，并弥补自己所欠缺的地方。

2. 了解就业岗位

当我们选择了就业方向后，就要了解这个方向所产生的具体的岗位的情况。

（1）了解该岗位的具体内容

要了解一个岗位，首先就应该了解这个岗位的具体内容，也就是这个岗位究竟是做什么的，属于什么性质，它的上级及下属单位都是什么，等等。

（2）了解该岗位的发展前景

岗位是在职能的基础上根据具体需要而分化产生的，所以在同一部门、同一职能上一定会有多个类似的岗位。一个岗位是否有发展潜力是选择该岗位的重要标准。

了解该岗位的未来发展前景，要从职业的发展前景、岗位轮换、加薪条款、升职通道这几个方面去分析。

（3）了解该岗位所存在的缺陷

任何一个岗位，有它光鲜的一面，也有它令人苦恼的一面，比如，记者能去很多地方，采访很多要员，但也要面临赶稿时的辛苦，校对时的单调，采访时的阻拦等诸多困难。面对一个岗位，我们要直面它最苦最难的那一面，如果最坏的方面我们都能接受，那么这个工作我们就可以选择。

（4）了解该岗位所要求的条件

要胜任一个岗位就要具有一定的知识（学历、证书）、能力、经验、态度等，这些可以通过用人单位的招聘获知，也可以比照类似的岗位得知。同学们可以进行比对，思考自己是否能够胜任某岗位。如果对该岗位十分喜爱，就要针对这些条件锻炼自己。

3. 了解求职的渠道

一般残疾人有以下求职渠道：

（1）残联。

（2）专业职业介绍机构。

（3）校友或朋友。

（4）报纸的招聘广告。

（5）具有相似工作的人的介绍。

（6）在职培训的机会或参加相关的讲座。

（7）在校期间的实习单位。

（8）有目的地投简历。

（9）参加大型招聘会。

（10）参加学校为某单位特别举办的招聘会。

三、建立求职档案

求职可以说是自我推销的工作，求职材料就是求职的入场券。将自己的求职档案建立好，不仅能向用人单位展示自己的职业素养，同时也是对自己的求职过程的一个很好的诠释。同时，如果将来有机会帮助其他求职者时，这也是一个非常珍贵的资料。因此，毕业生要建立自己完善的求职档案。

收集个人求职材料的原则就是为就业服务，以择业目标为中心，按照应聘需要收集。一般来说，个人完整的求职档案包括以下内容：

（1）个人的简历材料，即个人的自然情况，如个人的出生年月、籍贯、政治面貌、身体状况等。

（2）学校专业学习材料，也就是在学校期间所学课程以及成绩。

（3）特长爱好方面的资料，包括个人兴趣爱好，从事的校园文化活动、社会实践活动的成果以及具备的能力。

（4）在校学习期间获得的各种奖励、证书和发表的有关文章等成果材料，以及学校领导和教师的客观评价。

（5）社会实践材料包括有关的学习与工作经历等。

（6）雇主联系记录、求职经历、求职信、目标企业资料等。

求职档案最好在校期间就开始建立，平时参加的社会实践活动、学校组织的实习活动都是求职档案的素材。具备了较完整的个人资料后，还要进行系统化、科学化的汇总分析。首先把同类型的材料分门别类地集中起来，然后对材料的价值进行分析，最好把材料依据其价值分清主次，一一罗列，形成自己的求职档案，以便在以后的求职过程中能有的放矢地使用。

【探索活动】

·◆ 我的职业档案袋 ◆·

职业档案袋是个人信息、成绩和曾经参加活动的记录，它是一个人成长的写照。中职聋生建立个人职业档案袋，以下资料是必不可少的：

（1）个人的基本信息。个人的基本信息包括学校名称、学生姓名、性别、出生日期、残疾类别和等级、残疾证号、身份证号、康复情况、入学时间、父母姓名、职业、家庭住址、联系方式等。

（2）每一学期的个人素质报告单。

（3）在校期间参加的社团活动以及班干部任职情况。

（4）各种获奖荣誉证书。

（5）勤工俭学、顶岗实习实训和志愿者的经历。

（6）求职简历。

（7）求职信。

（8）个人用人单位信息库样表。

（9）供需洽谈会信息库样表。

…… ……

请你为自己建立一个职业档案袋，并且要记得随时更新档案内容，有些资料至少半年更新一次。通过分析，删除旧的和没有价值的信息，增加新的信息。

第四篇

适应职业

人的思想是了不起的，只要专注于某一项事业，就一定会做出使自己感到吃惊的成绩来。

——马克·吐温

就像道路上有了正确的路标才能准确地到达终点，选择正确的职业才能实现自己的最大价值。择业是人们职业生涯中最重要的一环，但不是所有人在最开始就能找到适合自己的职业，而且，即使找到了满意的工作，也需要我们不断地努力适应职业，完善自我，将工作真正变成事业。这是一个过程，如果我们掌握了方法，就能更快地适应社会、适应职业。但在这个过程中，绝不能因为困难而气馁，不能因为漫长而放弃。

主题一 准备择业

【活动导入】

在网上搜索"聋哑人找工作"，阅读网页内容，进行讨论。

师：当前社会就业形势不容乐观，而残疾人就业更是困难。如何择业，如何就业是残疾人最关注的问题。

择业，就是择业者根据自己的职业理想和能力，从社会上各种职业中选择其中的一种作为自己从事的职业的过程。择业是大多数毕业生踏入社会要走的第一步。怎样走好这第一步？选择一份既切合自身实际，又称心如意的职业，具有十分重要的意义。

【知识要点】

一、树立正确的择业观

择业观是择业主体对选择某种社会职业的认识、评价、态度、方法和心理倾向等。它既是择业者职业理想的直接体现，也是择业者世界观、人生观、价值观的最直接表达。

1. 正确客观地评价自己

在择业前应该对自己有一个正确的认识和评价，根据自己的身体、兴趣、气质、个性及能力等各方面的因素估计自己的职位范围，既不过高地估计自己，也不妄自菲薄。

2. 正确理解"双向选择"

就业是一种双向选择行为，既是同学们对单位的选择，也是单位对同学们的选择。只有双方的条件都能被对方接受时，就业才能实现。因此，不要将择业想得太过于艰难，也不要因为多次失败就对自身产生怀疑。

3. 量力而行，切忌好高骛远

同学们在选择单位和具体工作时，要实事求是地从自身条件出发，不要一味地追求工作轻松、工资高、待遇好的单位。

4. 树立先就业，后择业的观念

好的工作是可遇而不可求的，不要因为想要"一步到位"而浪费时间。同学们可以先找到一份工作，在工作中磨炼自己。机会总是给有准备的人，只要有能力，就一定能找到称心的工作。

5. 从最基层做起

用人单位往往要求员工从基层做起，而新进入单位的员工也有一个逐渐熟悉、学习发展、自我完善的过程。如果同学们对于工作总想要"一步登天"而不愿从最基层的工作做起，则对顺利就业十分不利。

二、如何择业

1. 从兴趣和爱好出发

个人对某一专业乃至将要从事的某种职业是否有深厚的兴趣，对于其学习活动和职业生涯有着相当重要的影响。兴趣是一个人积极探究某种事物的心理倾向，只有有了兴趣，学习和工作才有动力。

如果所从事的工作不是自己喜欢的怎么办？有研究显示，人们对工作的兴趣会随着工作年限的增加而逐渐增加，同时，我们也可以发掘工作中有趣的一面或者多研究几个成功的案例激励自己。

2. 从自身实际出发

考察工作要从自身实际出发，工作环境、工资待遇、是否能接受外地工作等都是我们考虑的方向。如果你对一份工作各方面都比较满意的话，可以对具体的条件适当放宽，不要好高骛远。

3. 从长远发展出发

当今的世界发展节奏逐渐加快，各项新生事物层出不穷，如果不自我迭代就有可能被时代所淘汰。因此在选择工作的时候，我们不仅仅要考虑眼前的利

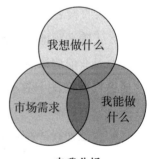

自我分析

益，更要考察它是否有良好的发展前景，是否能为自己将来的发展带来帮助。

三、职业生涯规划

一份合理的职业生涯规划可以帮助你树立明确的目标。运用科学的方法，切实可行的措施，发挥个人的专长，开发自己的潜能，克服生涯发展困阻，避免人生陷阱，不断修正前进的方向，最后获得事业的成功。

在后面的课程中，我们会具体学习如何进行职业生涯规划。

四、择业的同时做好创业准备

由于一些原因，很多企业并不是很愿意接纳残疾人。有时候，最好的择业就是创业。在择业的同时做好创业准备，不但可以树立一个目标促使自己更加努力，自强自立，而且可以获得成就感，证明自己。有很多优秀的残疾人，在成功创业之后还积极帮助其他残疾人，形成了良好的互助风气。

五、残疾人择业过程中容易出现的误区

1. 依赖他人

很多残疾人由于各种原因，不愿自主择业，而将择业权交给父母、老师、残联，等待他人给予自己工作。如果没有适合的工作，宁愿在家待业也不愿主动找工作。

2. 仓促上阵

很多同学自身没有就业意识，不注重职业素质的培养。当有工作机会时才发现自身条件的不足，白白错过机会。

3. 眼高手低

很多残疾人并不会客观地估计自己的能力，总是这山望着那山高，一味追求环境好、工资高的工作，不肯脚踏实地地找工作。

4. 轻信他人

有的同学由于自身原因，对学校推荐的就业单位不满意，而很多同学往往只对具有相同残疾的人抱有信任，因此很容易轻信他人，最后上当受骗。

5. 不能吃苦

有些同学虽然已经就业，但却缺乏吃苦耐劳的精神，觉得上班没有上学轻松，因此逐渐对工作失去兴趣，无法适应。

6. 缺乏经验

现在的用人单位很注重工作经验，但有很多同学在学业之余不注重社会实践活动，而是把时间放在娱乐活动上面，甚至有的同学随意中断实习，因此缺乏社会经验和工作经验，难以找到工作。

【探索活动】

结合自身的条件，给自己做一份职业规划。

我的特长：_____。

我的兴趣爱好：_____。

我的专业：_____。

我自身的优点和缺点：_____。

我对未来的规划：_____

_____。

主题二　通过面试

【活动导入】

师：请大家思考一下，如果你是一个公司的负责人，想要招收一批新员工，可以用什么方法？

生：（回答很多）面试、看求职信、老员工推荐……

师：哪种方法最好？

生：面试。

师：为什么呢？

生：面试可以通过交流看出一个人是不是适合公司的要求。

【知识要点】

面试是通过书面或面谈的形式来考察一个人的工作能力的过程。通过面试可以初步判断应聘者是否可以融入自己的团队，是一种经过组织者精心策划的招聘活动。

一、面试的分类

1. 个人面试

（1）一对一的面试

适用范围：规模小的机构。

（2）主试团的面试（多对一）

适用范围：较大机构如考核公务员现场打分。

个人面试又称单独面试，指主考官与应聘者单独面谈，是面试中最常见的一种形式。

2. 集体面试

集体面试主要用于考察应试者的人际沟通能力、洞察力与把握环境的能力、组织领导能力等。集体面试通常要求应试者做小组讨论，相互协作解决某一问题，或者让应试者轮流担任领导主持会议、发表演说等。

无领导小组讨论是最常见的一种集体面试法。

3. 测验面试

测验面试方式是：参加现场技能测验或考试，如速记、表演、推销。

4. 综合面试

综合面试是以上3种方式的综合，由主考官通过多种方式综合考察应试者多方面的才能。

综合面试的方式是：事先定题，以自由交谈、相互交流的方式进行。

5. 渐进式面试

人太多时先初次面试，即筛选面试，以了解个人背景及谈吐与应对能力为主要目的，然后二次面试甚至三四次面试，视职位高低而定。

二、面试的形式

面试有很多形式，依据面试的内容与要求，大致可以分为以下几种。

1. 问题式

问题式面试由招聘者按照事先拟订的提纲对求职者进行发问，请求职者予以回答。其目的在于观察求职者在特殊环境中的表现，考核其知识与业务水平，判断其解决问题的能力，从而获得有关求职者的第一手资料。

2. 压力式

压力式面试由招聘者有意识地对求职者施加压力，就某一问题或某一事件做一连串的发问，详细具体且追根问底，直至求职者无以对答。此方式主要观察求职者在特殊压力下的反应能力、思维敏捷程度及应变能力。

3. 随意式

随意式面试即招聘者与求职者海阔天空、漫无边际地进行交谈，气氛轻松活跃，无拘无束，招聘者与求职者自由发表言论，各抒己见。采用此方式的目的为：于闲聊中观察应试者的谈吐、举止、知识、能力、气质和风度，对其做全方位的综合素质考察。

4. 情景式

情景式面试由招聘者事先设定一个情境，提出一个问题或一项计划，请求职者进入角色模拟完成，其目的在于考察求职者分析问题、解决问题的能力。

5. 综合式

综合式面试即招聘者通过多种方式考察求职者的综合能力和素质，如用外语与其交谈，要求即时作文，或即兴演讲，或要求写一段文字，甚至操作一下计算机，等等，以考察其外语水平、文字能力、书法及口才表达等各方面的能力。

以上是根据面试种类所做的大致划分，在实际面试过程中，招聘者可能采取一种或同时采取几种面试方式，也可能就某一方面的问题对求职者进行更广泛更深刻即深层次的考察，其目的在于选拔出优秀的应聘者。

三、面试前的准备

1. 简历

顾名思义，简历就是对个人学历、经历、特长、爱好及其他有关情况所做的简明扼要的书面介绍。简历是有针对性的自我介绍的一种规范化、逻辑化的书面表达。对应聘者来说，简历是求职的"敲门砖"。

目前简历有很多形式，主要的有以下几种：

（1）纸质简历。

（2）电子简历。

（3）视频简历。

（4）博客和网站式简历。

一份完整的简历，应该由以下4个部分组成：

（1）个人基本情况

个人基本情况应列出自己的姓名、性别、年龄、籍贯、政治面貌、学校、系别及专业、婚姻状况、健康状况、身高、爱好与兴趣、家庭住址、联系方式等。

（2）学历情况

学历情况应写明曾在某某学校、某某专业或学科学习，以及起止时间，并列出所学主要课程及学习成绩，在学校和班级所担任的职务，在校期间所获得的各种奖励和荣誉。

（3）工作资历情况

若有工作经验，最好详细列明。首先列出最近的资料，然后详述曾工作单位、日期、职位、工作性质。

（4）求职意向

求职意向即求职目标或个人期望的工作职位，表明你通过求职希望得到什么样的工种、职位，以及你的奋斗目标，可以和个人特长等合写在一起。

一份好的简历应当满足以下特点：

（1）无错别字，语句通顺，版面整齐，空间合理。

（2）标点符号正确，行距统一。

（3）没有时间上、经验上的逻辑错误。

（4）用词不要感情色彩太过浓重，言辞不要过于华丽。

（5）最好不要写对薪水的要求。

（6）少写废话，多写有用的信息。

2. 问题准备

针对面试，准备几个面试官有可能会提出的问题，做到有备无患。

一般来说，面试经常会问到以下问题：

（1）自我介绍。

（2）你为什么来应聘这个岗位？

（3）你未来的职业规划是什么？

（4）你的优点和缺点是什么？

（5）你的好朋友一般怎么评价你？

（6）你为什么会选择这个岗位？

（7）描述你应聘的职位。

（8）谈谈你对公司的了解。

（9）上一份工作中你最大的成功是什么？

（10）之前是否在与这项工作有关的方面学到了新的东西，提升了自己？

（11）在之前的工作中遇到过严重冲突吗？是如何解决的？

（12）你认为这个职位的报酬怎样？

当然，面试还会遇到其他问题，这里就不一一列举了，感兴趣的同学可以从网上或书中查阅这方面的资料。

3. 心理准备

（1）树立自信心

面试前人们往往在心理上对各种因素过分夸大，从而丧失自信心。因此，在面试前一定要正确地分析自己，激励自己，树立自信心。

（2）正确对待焦虑

面试至关重要，而绝大多数的面试者会在这个重要关头出现应急性的焦虑，这是正常的，也是必然的。面试者要学会以平常心接纳自己的焦虑。一旦能做到这一点，面试者就会发现，面试焦虑远非想象中那么可怕。

（3）模拟练习

模拟练习就是自己模拟面试的环节和场景，想象和面试官进行面试的过程。这是一个很好的帮助应聘者熟悉面试过程，保持良好心态的方法。模拟练习有以下几种方法：

① 对着镜子练习。

② 将模拟过程录下来后观看。

③ 角色扮演，把自己想象成面试官，揣摩招聘者的心理。

四、面试礼仪

（一）面试基本礼仪

1. 着装

应聘者在求职面试时，服饰要与自己的身材、身份相符，表现出朴实、大方、明快、稳健的风格。面试前尽量不要吃味道强烈的食物，同时注意修理指甲。不要太有个人风格。

女士可以选择裤装或裙装套装，裙子不宜过短，妆容简洁，尽量减少首饰的佩戴，香水不宜太浓，指甲不宜太长，指甲油可选择裸色或粉色。如果穿裙子一定要穿丝袜，要记得多准备一双备用。

男士要干练大方，可以选择深蓝或黑色西装，并选择颜色柔和的衬衣，与鞋同色的袜子。无论头发、衣服或鞋子都要保持干净整齐。

2. 握手

面试双方见面，通常会互相握手。应等面试官伸出手你才能伸手，如果面试官没有意图跟你握手，不要主动握手。如果对方主动与你握双手，一定要同等地回握。

握手的时间应为3～5秒，不可拖得太久，尤其对方是异性的时候。

握手的时候必须注意以下3点：

（1）手要干净，指甲要经过修剪。

（2）手心温暖，没有汗水。

（3）力度适中且面带微笑。

3. 坐姿

（1）神态大方得体，入座时轻而缓（条件允许时尽量从左边进入），不要发出任何杂音，坐定以后身体不要随意扭动，双手不要有多余动作（如摸头发、摸耳朵、捂嘴说话等），双腿也不可反复抖动，更不要翘腿。

（2）性别不同坐姿会有区别。男性双脚踏地，双膝分开一拳以上，双手可放在左右膝盖之上。女性应双腿并拢斜放一侧，双脚前后放置，上身挺直，头部端正，双手自然放在两腿之上。不同性别坐姿如下图所示。

坐姿示意图

（3）坐下后上身应保持直立，不要前倾或后仰，更不要耷拉肩膀、驼背、含胸等，给人以萎靡不振的印象。正确坐姿如下图所示。

男女正确坐姿图

4. 守时

守时是现代交际时效观的一个重要原则，是作为一个社会人要遵守的最起码的礼仪。面试中，最忌讳的首先就是不守时，因为等待会使人产生焦急、烦躁的情绪，从而使面谈的气氛不够融洽。

5. 安静

在等候面试时，不要到处走动，更不能擅自到考场外面张望。求职者之间的交谈也应尽可能地降低音量，避免影响他人应试或思考。

6. 手机

面试时，要关掉手机以防打扰。如果有机会，可以当着面试官的面关掉手机，以示尊敬。

（二）介绍

1. 必要的自我介绍

准时赴约，最好提前10分钟到达，这样可以稍微整理一下心态，整理一下服饰，然后以饱满的精神出现在面试官面前。面试的介绍并不是不必要的重复，而是为了加深印象，给对方以立体的感觉。自我介绍一般要求简短，可以说："我叫××，很高兴能够有机会到贵公司参加面试。"

2. 接受对方名片

假如对方递送名片应以双手接过来，并认真看一看，熟悉对方的职衔，有不懂的字可以请教，然后将名片拿在手中。在谈话中，从口袋里重新取出名片来看，会让人感到没有诚意，进而给对方不好的印象。最后告辞前，一定要记得把名片放入自己上衣兜里以示珍重，千万不要往裤兜里塞。

（三）面试交谈礼仪

1. 诚恳热情

把自己的自信和热情"写"在脸上，同时表现出对去对方单位工作的诚意。

2. 落落大方

要控制自己的情绪，应答时要表现得从容镇定，不慌不忙，有问必答。如果遇到一时答不出的问题可以用两句话缓冲一下："这个问题我过去没怎么思考过。从刚才的情况看，我认为……"这时脑子里就要迅速归纳出几条"我认为"。要是还找不出答案，就先说你知道的，然后承认有的东西还没有经过认真考虑。面试官在意的并不一定是问题本身，如果你能从容地谈出自己的想法，虽然欠完整，很不成熟，也不至影响大局。

3. 谨慎多思

回答提问之前，应对自己要讲的话稍加思索，想好了的可以说，还没有想清楚的就不说，或少说，切勿信口开河、夸夸其谈、文不对题、言不及义。

（四）面试聆听礼仪

1. 专注有礼

当面试官向你提问或介绍情况时，应该注视对方以表示专注倾听。可以通过直视的双眼，赞许地点头，表示你在认真地倾听他所提供的更多的信息。

2. 有所反应

要不时地通过表情、手势、点头等必要的附和，向对方表示你在认真地倾听。如果巧妙地插入一两句话，效果则更好，如"原来如此""你说的对""是的""没错"等。

3. 有所收获

聆听是捕捉信息、处理信息、反馈信息的过程。一个优秀的聆听者应当善于通过面试官的谈话捕捉信息。

4. 有所判断

求职者倾听时要仔细、认真地品味对方话语中的言外之意、微妙情感，细细咀嚼品味，以便正确判断他的真正意图。

【探索活动】

模拟一个面试现场，和同学们尝试进行面试，如下图所示。

面试现场

主题 二 适应职业角色

【活动导入】

◆ 小刚的烦恼 ◆

小刚是一名刚刚毕业的聋哑人，很顺利地进入了一家工厂工作，亲朋好友都很为他高兴，可是他自己却不愿去上班。原因是在工作期间，他总觉得同事把工作全都让他做，因为缺乏经验，他还常常被领导批评。因此他很苦恼，要不要继续在这个单位工作下去了。

思考讨论：

如果你是小刚，你来分析一下小刚的工作为什么会这样？你该如何突破这个困境呢？

【知识要点】

一、学生角色与职业角色

社会角色是指与人们的某种社会地位、身份相一致的一整套权利、义务的规范与行为模式，它是人们对具有特定身份的人的行为期望，它是构成社会群体或组织的基础。学生角色和职业角色都是社会角色的一种。

当我们离开校园，开始自己的第一份工作时，就意味着我们的社会角色发生了转变，从学生的角色转变为职业人员的角色。在这个过程中，我们的环境和人际关系都会有很大的变化。

1. 目的不同

我们上学的目的是为了学习文化知识与技能，以便找到更好的工作，并为今后的工作与生活打下基础。

我们工作是为了生存，更好地促进自己的发展，并为社会做出自己的贡献。

2. 学习方式不同

在学校，我们学习是为了获取知识，取得好成绩。对于知识的学习和理解有老师专门教授，学校会根据我们的知识水平设计不同的学科和内容。

在工作中，我们学习是为了掌握工作所需的知识和技能，为今后个人有更好的发展提供基础，但不会有人专门教授我们工作所需的知识，所有的一切都需要我们自己主动去学习。

3. 生活方式不同

在学校，我们的生活环境较为简单，主要就是学校、家庭和常去的场所，平时的衣食住行都有父母操心。工作后，我们就不能再依赖家里了，尤其是离开父母去外地工作，无论是日常生活、经济规划甚至结婚生子，最终都要由自己作主。

4. 人际关系不同

当我们处在学生角色中，我们的人际关系较为简单，老师、同学和家人。但当我们的处于职业角色中，我们的人际关系会随着我们的职业活动而逐渐复杂。社会角色人际关系如下图所示。不同国家和地区人的观念不同，人际关系也不同如下图所示。

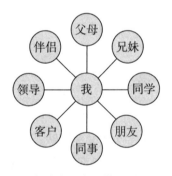

社会角色人际关系图

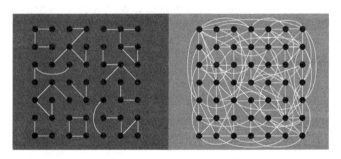

国外人际关系   国内人际关系

学生角色和社会角色的区别见下表。

学生角色和社会角色的区别

	学生角色	社会角色
身份	学生	职员
关注点	成绩	绩效
时间	时间安排比较有规律，有假期	时间安排没有规律，节奏很快，没有假期
经济	消费	赚钱
具备的技能	学习能力、记忆能力、逻辑思维能力	专业技能、学习能力、记忆能力、逻辑思维能力、语言表达能力、团队协作能力、沟通能力……
人际关系	家人、老师、同学	家人、同事、领导、客户、朋友、伴侣、子女、老师、同学……
爱心	被自己的父母、他人和社会关爱	对他人付出自己的关爱

二、初入职场容易产生的问题

◆·　自身修养更重要　·◆

2004年7月，重庆理念科技产业有限公司招聘了21名大学生。让人始料未及的是，在随后不到4个月的时间里，该公司陆续开除了其中的20名本科生，仅仅留下了一名大专生。

第一批被公司除名的是两名来自某重点大学的计算机高材生。他们第一次与客户谈完生意后，将价值3万多元的设备遗忘在出租车上。面对经理的批评，两人却振振有词地说："对不起，我们是刚毕业的学生。学生犯错是常事，你就多包涵吧。"两人最终被开除。

第三个被公司"扫地出门"的是一名本科毕业的女学生她喜欢睡懒觉，上班经常迟到，还在工作时间上网聊天。公司多次警告她仍置若罔闻，最终被公司"开回家"。

另有3名大学生在与客户吃工作餐时，夸夸其谈，大声喧闹，致使客户和公司领导连交谈的时机都没有。席间，更有一名男生张嘴吐痰，一口痰刚好落在了客户的脚边，惊得客户一下子从凳子上跳了起来。该男生却像什么事都没有发生一样继续吃饭。结果他们被公司开除了。

就这样，3个多月下来，20名本科生全都因为自身素质问题离开了公司。只有一名女大专生，认为自己没有很高的学历，因此勤奋工作，遇到不懂的就向同事们请教，最后成功地留在了公司。

案例评析：

有些学生在刚进入社会时，其角色转换、人际关系、思想认识等都可能存在一些问题。想要得到一份满意的工作，首先就要学会转换自己的角色。

同学们由于长期扮演的是学生的角色，突然向职业角色转变会出现不适应，容易产生一些问题，表现出一些不好的行为和心态。

1. 狂妄自大

觉得自己很有能力，或者觉得自己在单位有熟人，看不起其他同事，对别人的意见和建议不屑一顾，最后同事的关系很不好。

2. 自吹自擂

很多学生在新进入职场以后，为了不被他人小看或者其他原因，喜欢说大话，自吹自擂，但又做不到，这样容易失去他人的信任。

3. 拒绝合作

学生时代，我们的任务就是学习，这个事情一般都是独自完成的，但工作后有很多任务是由团队共同完成的。如果还保留学生时代的习惯，拒绝与他人合作，即使最后任务完成了，也很艰难，而且会破坏团队的关系。

4. 不懂装懂

刚参加工作有不会的地方是很正常的，但如果因为面子问题或者不敢与他人交流，遇到不懂的地方装懂，不会的地方可能将一直不会，从而影响工作。

5. 口无遮拦

随意评论他人或事情，或者将需要保密的事情随意乱说，这样不但容易泄密，也会让他人看轻自己。

6. 将错就错

明明自己做错了事情，却不愿承认，甚至在错误的道路上越走越远。这样做轻则影响自己的工作，重则可能会被开除。

7. 频频跳槽

有些同学刚进入职场，总觉得现在的工作不好，想着换个单位就好了，结果盲目跳槽之后才发现和自己想的不一样。就这样频频跳槽，哪一个单位都待不长久，结果到最后还是原地踏步。

8. 回避责任

回避自己应尽的责任或者被安排的任务，甚至将自己的责任或者错误转嫁给别人，这样很容易失去领导或其他同事的信任。

9. 不屑小事

动手能力差，眼高手低，小事不愿做，大事又做不好。

10. 恃宠敷衍

觉得自己在单位有人脉、有背景，或者觉得自己很厉害，单位离不开自己，以致于不把别人放在眼里，工作敷衍马虎。

三、完成角色的转变

1. 塑造良好的职业形象

（1）衣着

上班期间要穿着符合自己职业特点的衣服，比如，警察要穿警服，医生要穿白大褂，工人要穿工作服，在公司上班的人一般要穿正装。无论何种职业，着装都有一些通性：

① 要按照单位的要求着装，不要穿奇装异服，不要戴夸张首饰。

② 要和自己的身份相符，否则容易造成误解。

③ 要和周围的环境相符，最好和同事穿的差别不大，否则会显得很突兀。

④ 衣着要干净整洁，并有一定的审美，能够给自己和他人带来愉悦的感受。

（2）面部

当我们观察一个人的时候，我们大多数都会先从面部开始从上往下看，因此，面部是我们最应该注意的地方。

① 微笑。研究表明，微笑是全世界都能理解的，国际通用的用来联系情感的方式。与他人交往的时候，要记得保持微笑。一般来说，微笑以露出8颗牙齿为佳。

② 眼神。与他人交流时，要尽量平视对方，让别人处在和自己相等的位

置。目光要真诚，当微笑时，眼睛也要含笑，这样别人才能感受到你的友善。

（3）礼仪

在职场交往中，礼仪是非常重要的，它代表着个人的修养和公司的形象。同时，职场中特有的礼仪也有很多。

① 介绍。自我介绍要简短、完整，有名片要先递名片。介绍他人一般是将男性介绍给女性，年轻者介绍给年长者，职位低者介绍给职位高者，客人介绍给主人，迟到者介绍给早到者。

② 握手。握手要轻重适当，保持手掌的干净、干燥。握手时尊者先伸手，不要使用左手。

③ 递交、接受名片最好用双手。

④ 乘坐电梯时，里面的人先出来才能进去，要让长辈、女士、上司先进入电梯。

⑤ 有来访者要主动站起来招呼、握手，如果有要事要向对方点头示意。

（4）交谈

交谈的内容以双方感到轻松愉快为宜，不要谈论政治、私人问题或行业秘密。

2. 具有良好的工作态度

（1）尽快掌握所需的职业技能

职业技能是能够适应工作的关键，同时，随着社会的发展，所需要的社会技能也在不断地发展变化，因此，一定要尽快掌握工作所需的技能。有很多同学以为只要找到工作就够了，事实上，工作不仅是为了满足生活的需要，更是为了发展自我。只有保持不断学习的意识才能不被时代所抛弃。

（2）主动工作

工作不是为了他人，而是为了自己，要主动地去工作。在工作中发现问题，解决问题，发展自我，努力一段时间之后，你会发现，你得到的会比你想象中的更多。

（3）坚持原则

要按照单位的要求去做事，不要做违反法律法规的事情。

（4）具有服务精神

工作是一种创造价值的劳动，这就意味着工作也是一种服务。有的工作服务对象是具体的，而有的工作服务对象则是间接的。但不管何种工作，都要秉承着服务精神。

3. 树立合作意识

工作中，有很多任务都是需要团队合作的，因此，我们需要具有团队合作意识。我们可以遵循以下原则：

（1）平时主动和同事接触，学会与他人交往，不要单打独斗。

（2）多看、多听，用谦虚、诚恳的态度向同事请教专业知识。

（3）被安排任务后，要服从安排，并努力做到最好。

（4）不抱怨，不指责，不说他人是非，不要做破坏团队的事情。

【探索活动】

想一想自己应该做什么样的职场新人？下表是10种最受欢迎的职场新人和10种不受欢迎的职场新人。

10种最受欢迎的职场新人和10种不受欢迎的职场新人

序号	最受欢迎的10种职场新人	最不受欢迎的10种职场新人
1	诚信	爱找借口的人
2	沟通	爱挑事端的人
3	合作	心胸狭窄的人
4	谦虚	妄谈是非的人
5	务实	公私不分的人
6	勤快	夸夸其谈的人
7	注重细节	一心二用的人
8	有责任心	随时准备跳槽的人
9	谨慎言行	心存抱怨的人
10	大智若愚	不懂感恩的人

主题四 合理利用收入

【活动导入】

设想一下，当你领到第一笔工资时，你会怎么使用这笔钱呢?

【知识要点】

一、个人收入

个人收入指个人从各种途径所获得的收入的总和。收入的来源很多，包括工资、租金、股利股息及社会福利等所收取得来的收入，如下图所示。

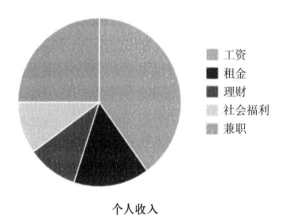

工资
租金
理财
社会福利
兼职

个人收入

只要在中国境内居住且有所得的人，以及不在中国境内居住而从中国境内取得所得的个人，都必须缴纳个人所得税。缴纳个人所得税是每个公民应尽的义务。个人所得税的计算公式如下：

税额 =［月收入所得 - 减免费用（如五险一金）- 5000］× 税率 - 速算扣除数

2018年10月1日起调整后的7级超额累进税率的整体内容见下表。

7级超额累进税率

全月应纳税所得额	税率	速算扣除数（元）
全月应纳税所得额不超过3000元	3%	0
全月应纳税所得额超过3000元至12000元	10%	210
全月应纳税所得额超过12000元至25000元	20%	1410
全月应纳税所得额超过25000元至35000元	25%	2660
全月应纳税所得额超过35000元至55000元	30%	4410
全月应纳税所得额超过55000元至80000元	35%	7160
全月应纳税所得额超过80000元	45%	15160

如果你的月收入在5000以下，是不用缴纳个人所得税的。

如果月收入在5000元以上，比如9000元，每月五险一金你要交1557元，那么你要缴纳的个人所得税是：税额＝（9000-1557-5000）×5%＝73.3元。

残疾人根据国家相关政策，可以享受相应的减免政策。

《中华人民共和国个人所得税法》第五条规定，有下列情形之一的，经批准可以减征个人所得税：一、残疾、孤老人员和烈属的所得；二、因严重自然灾害造成重大损失的；三、其他经国务院财政部门批准减税的。

根据《国家税务总局关于明确残疾人所得征免个人所得税范围的批复》（国税函〔1999〕329号）文件，根据《中华人民共和国个人所得税法》第五条第一款及其实施条例第十六条的规定，经省级人民政府批准可减征个人所得税的残疾、孤老人员和烈属的所得仅限于劳动所得，具体所得项目为：工资、薪金所得；个体工商户的生产经营所得；对企事业单位的承包经营、承租经营所得；劳务报酬所得；稿酬所得；特许权限使用费所得。《中华人民共和国个人所得税法》第二条所列的其他各项所得，不属减征照顾的范围。

二、工资与工资结构

工资是指雇主或者法定用人单位依据法律规定、行业规定或根据与员工之间的约定，以货币形式对员工的劳动所支付的报酬。

一般公司员工的薪资分为年薪制和月薪制。对中层以上管理人员和技术人员实行年薪制，而对其他员工实行月薪制。其他常见的薪资制有日薪制和计件制。

一般情况下，员工的工资由"基本工资"和"考核工资"两大模块组成。

基本工资 = 基本工资 + 岗位工资 + 各种津贴 + 加班工资

考核工资 = 月度考核工资 + 季度考核工资 + 年度考核工资

实行日薪制或者计件制工资按其他办法实行。

工资结构是指员工工资的各构成项目及各自所占的比例，如下图所示。一个合理的工资结构应该是既有固定工资部分，如基本工资、岗位工资、技能或能力工资、工龄工资等，又有浮动工资部分，如效益工资、业绩工资、资金等。如下图所示。

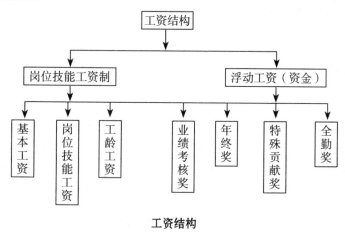

工资结构

有时候，我们发现，拿到手的工资总是会少一部分，这是因为发放的工资还会扣除一部分：个人所得税和社会保险。

三、合理分配收入

·◆ **合理分配　理性消费** ◆·

1. 小武刚工作两年，总感觉自己的工资不够花，什么都想买，刚领到的工资很快就没有了。每次快到发工资的那段日子就只能借钱度日。

2. 小李生活非常简朴，把钱都存起来，平时总是省吃俭用，女朋友觉得他太抠门，和他分手了。

3. 小霞工作后，觉得工资足够自己平时的花费，这么生活挺好。但过了几年，她身边的同事经过学习、培训都升职加薪了，只有她自己还在原地踏步，小霞十分后悔平时没有将钱用在提高自己上。

案例评析：

很多刚开始工作的同学，由于在金钱上没有他人的监督，又没有形成良好的消费观，或多或少都存在着非理性的消费。

那么如何才能做到合理地分配收入呢？首先我们应该根据自己的情况，制订一个合理的收入分配方案。

（一）制订分配方案

（1）正确认识自己所在的人生阶段。不同的人生阶段，所需要消费的方向也不同。

（2）将自己所需要消费的方向写下来，并附上需要消费的理由，注意区分"想要"和"必需"。

（3）给自己的消费方向划分一个具体的数额。平时生活中如果超过限额就要立即停止消费行为。

（二）常用分配方案

以下为同学们提供几个方案作为参考。

1. 刚开始工作

刚开始工作时，我们的人际关系较为简单，应酬较少，花钱的地方不多，主要的方向是努力充实自己，以便今后更好地发展。但这时候因为有了较多可以自由支配的金钱，可能会进行非理性的消费，最好拿出一部分收入用于储蓄。

假如我们的月收入是4000元，我们可以这样分配，如下图所示。

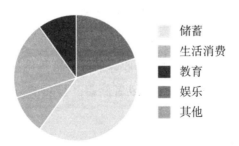

图例：
- 储蓄
- 生活消费
- 教育
- 娱乐
- 其他

个人收入分配图

（1）拿出20%，也就是800元存在银行作为储蓄基金，也可以购买一些稳定的理财产品，提高收益，尽量不要取用这部分资金。

（2）生活消费，如吃饭、房租、水电、交通、生活用品等等，分配40%，1600元左右。

（3）剩下的钱要分割成3份，划出原收入的10%，即400元左右，用于购买书籍进行学习，或者说培养自己的兴趣爱好。这一部分可以让我们提升自己，是不能节省的。

（4）划出原收入的20%，即800元，作为娱乐消费，如旅行、与朋友交往等等，虽然每个月800有点少，但一年下来也可以支持一次国内的旅行。

（5）最后剩下的原收入的10%，即400元，我们可以自由来支配，可以请朋友去吃饭、看电影，可以给自己买衣服，或者给父母买点生活用品，等等。如果用不了也可以做一个短期理财，以备不时之需。

2. 组建家庭以后

组建家庭之后，如果夫妻俩都有工作，收入会有一定的增加，但相应支出也会增加，而且消费的重点也会从个人转移到家庭。此时我们可以依照"4321"法则来划分收入。

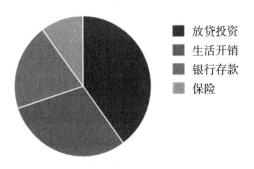

■ 放贷投资
■ 生活开销
■ 银行存款
■ 保险

家庭收入分配图

（1）40%用于房贷，就是房屋贷款

房屋贷款还款金额不应超过家庭收入的三分之一。如果没有这方面的问题可以将这笔钱用于投资、日常生活或者储蓄。投资的方式很多，后面会详细说到。

（2）30%用于生活开销

30%的收入用于生活缴费和日常消费，如水费，电费、伙食费、日用品、衣物等。

（3）20%用于银行存款

储蓄不同于投资，投资是有风险的，储蓄的收益基本稳定。

（4）10%用于购买保险

一般上班族需要购买的商业险主要是意外险和重疾险。如果有孩子还要给孩子买一份儿童保险或者教育基金。

（5）其他收入

如果有其他的年底奖金收入、额外收入可以用来作为家庭旅游经费、孩子的教育经费、自己的培训进修费用等。

四、投资理财

1. 银行理财

银行理财基本上分为银行存款和银行理财产品。银行存款有活期、定期存款。活期利率较低，定期利率稍高。如果是定期，最好不要提前支取，因为提前支取了就按活期计算利率。银行的理财产品很多，风险等级分为5级，风险最低的可以保证本金，但大多有最低金额限制，一般为5万元。

2. 债券

债券一般由政府、企业、金融机构发行，约定利息，购买后到期兑付。购买债券前，要先找证券公司开户，有时银行也能购买债券。购买债券也是有风险的，而且风险可能会很大。

3. P2P理财

P2P理财是通过约定利息的方式借款，借款对象有的是个人，有的是企业。P2P有很多平台，有的利息高，有的利息低。一般相对货币基金来说，P2P理财的收益要高些，但是风险也随之加大。经常听到有P2P平台跑路的事件，所以要格外当心。应尽量选择成立比较久，运营情况良好的平台，多去了解一下相关知识和选择平台的技巧。

4. 基金

基金的种类也有很多，一般我们用来投资的有债券基金、股票基金、货币基金。基金投资门槛比较低，几百块就可以。基金风险不一，货币基金几乎没有风险，其他基金有一定的风险。股票基金风险可以用定投来分散。如果在股灾时，基金的亏损也会很严重，甚至有对折的风险。指数型基金的买卖是要收手续费的，费率不一，有的费率很高。所以在购买基金前一定要对基金有所了解。

5. 股票

股票是一种高风险的投资方式，如果操作得好，能带来高收入，但如果操作得不好，也会损失惨重，血本无归。炒股需要有一定的专业知识，不懂的人不要轻易购买。

6. 贵金属

贵金属投资主要是黄金和白银。贵金属投资风险比较大，和股票一样高收益高风险，而且需要专业的知识，了解国际金融和影响金银价格的一些因素，学会看K线图，分析各种数据。

7. 外汇

外汇风险也是比较大的。和贵金属投资一样，需要关注各种国际大事、影响货币外汇汇率的事件和政策、丰富的金融知识。进行外汇投资需要投入的时间和精力都是比较多的。

8. 房地产

在房价低的时候，买房是投资的一个较好的手段。房价涨了就赚了，如果出租还能收房租，特别是在一线大城市，房租的上涨是很快的。但在房价很高的时候买房，风险也就变大了，因为如果房价大跌，就会白白损失很多资金。

9. 收藏品

通过收藏理财是理财方式中风险最大的。一般收藏品的价格会比较贵，如邮票、珠宝、字画、古董等等。市场上的东西有很多假货，而且行情不好就会亏。如果对收藏品不太懂，对收藏行业也不了解的话，建议不要做。

【探索活动】

请同学们为你们的爸爸、妈妈规划出一个合理的理财方案。

第五篇

职业生涯规划

在年轻人的颈项上，再也没有什么比事业心这颗灿烂的珠宝更迷人的了。

——爱默生

　　人的一生会遇到很多选择，有时候，一个小小的选择就会决定人的一生。但如果我们有目标，并向着目标前进，那么即使暂时走到岔路上，我们依然能及时改正，回到正确的道路上。人的职业也一样，我们只有对自己的职业生涯有一个整体的规划，确定正确的目标，才能实现自己最初的职业理想。

主题一 职业生涯的特点

【活动导入】

同学们对自己未来的职业有什么规划？短期的规划是什么？长期的规划是什么？

【知识要点】

一、职业生涯规划的定义

职业生涯是指一个人一生的工作经历，特别是职业、职位的变动及工作理想实现的整个过程。如前所述，职业生涯在人的一生中占有极为重要的地位，职业生涯的成功与否直接影响到人生价值能否得到充分的体现，间接决定了生命内容是精彩还是平淡。

职业生涯规划是指个人发展与组织发展相结合，通过对职业生涯的主客观因素分析、总结和测定，确定一个人的奋斗目标，并为实现这一目标，而预先进行生涯系统安排的过程。职业生涯规划也被称作职业生涯设计，分个人职业规划（设计）和组织职业规划（设计）两个方面。

二、职业生涯规划的意义

（1）有利于实现职业理想。

（2）有利于适应社会经济发展的需要。

（3）有利于指导在校学习。

三、职业规划的基本原则

1. 择己所爱

从事一项你所喜欢的工作，工作本身就能给你一种满足感，你的职业生涯也将是成功的。兴趣是最好的老师，是成功之母。调查表明，兴趣与成功的概率有着明显的正相关性。在设计自己的职业生涯时，务必注意：考虑自己的特点，珍惜自己的兴趣，择己所爱。

2. 择己所长

任何职业都要求从业者掌握一定的技能，具备一定的能力条件。而一个人一生中不能将所有技能全部掌握，所以你必须在进行职业选择时择己所长，从而能发挥自己的优势。运用"比较优势"原理充分分析他人与自己，尽量选择冲突较少的优势行业。

3. 择世所需

社会的需求不断变化，旧的需求不断消失，新的需求不断产生，新的职业也不断产生。所以在设计你自己的职业生涯时，一定要分析社会需求，择世所需。最重要的是，目光要长远，能够准确预测未来行业或者职业的发展方向，再做出选择。所选职业不仅要有社会需求，而且这个需求要长久。

4. 择己所利

职业是个人谋生的手段，其目的在于追求个人幸福。所以你在择业时，首先考虑的是自己的预期收益——个人幸福最大化。明智的选择是在由收入、社会地位、成就感和工作付出等变量组成的函数中找出一个最大值。这就是选择职业生涯中的收益最大化原则。

·◆ 小刘的烦恼 ◆·

刘迪3年前毕业于某著名大学，除计算机专业知识外还写得一手漂亮的文章。他认为自己很清楚人生应该做的事，对自己想过的优雅、浪漫和尊贵的生活方式也订了具体的目标。但刘迪毕业3年后换了三四家公司，做过秘书、证券、编辑，都不能实现自己的生活目标，因此感到气馁。

请问：刘迪对自己的规划出了什么问题？应如何修正？

案例评析：

刘迪有较扎实的基础，但初期进行规划时由于经验不足，好高骛远，进而产生不切实际的挫折感。

在人生理想指引下，宜采取"积小成功为大成功"的做法。先采用结合现实的规划模式，将个人理想与组织远景相结合并使双方受益，逐步实现可行性目标。等累积了足够的自信和能力，再渐渐采取自我实现的规划模式，在中长期规划中致力于实现自我目标，最终达成理想。职业规划的分类见下表。

职业规划的分类

类型	定义及任务
人生规划	整个职业生涯的规划，时间长至40年，设定整个人生的发展目标，如规划成为一个企业的董事长
长期规划	5～10年的规划，主要设定较长远的目标，如规划30岁时成为一家中型公司的部门经理，40岁时成为一家大型公司的副总经理等
中期规划	一般为2～5年的目标与任务，如规划到不同业务部门做经理，从大型公司部门经理到小公司做总经理等
短期规划	两年以内的规划，主要是确定近期目标，规划近期完成的任务，如对专业知识的学习，两年内掌握哪些业务知识等

四、职业规划发展的阶段与活动

一个人整个一生所从事的职业按先后顺序可分为5个阶段：成长阶段、探索阶段、确立阶段、维持阶段和衰退阶段。每个阶段都有着不同的任务和意义。明确每个阶段的特征和任务，对做好规划，更好地从事自己的职业，实现确立的人生目标，非常重要。

1. 成长阶段（0～14岁）

成长阶段是儿时成长时期，也是少儿时最天真快乐的时期。每个人都会在这段时期里逐渐建立起对自我的认识和自我概念。这一时期也是形成一个人人格特征、性格属性的关键阶段。

2. 探索阶段（15～24岁）

人在探索阶段开始逐渐形成个性上的独立性。几乎所有的父母都能感觉到孩子在这段时期的变化。最常见的就是孩子的青春期行为特征的变化，那种要独立、不服管的现象就是典型的表现。这个时期的孩子开始对职业选择做尝试。

3. 确立阶段（25～44岁）

确立阶段是职业生涯的核心部分。人在此阶段确定较为稳定的职业目标。

4. 维持阶段（45～65岁）

维持阶段是职业生涯发展后期。人在此阶段简单维持工作领域中的地位和成就。

5. 衰退阶段（65岁以上）

退休，开始角色转换。

人生的职业生涯阶段如下图所示。

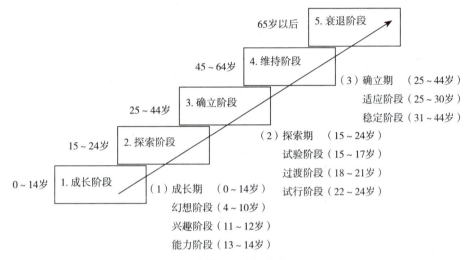

人的职业生涯阶段

【探索活动】

畅想你未来各个阶段会是什么的样子，并编一个小故事或者画一幅画。

（1）我20～30岁时，会从事_____，会做_____，会发生_____。

（2）我30～35岁时，会从事_____，会做_____，会发生_____。

···········

主题二 职业生涯规划的重要性

【活动导入】

俗话说"上进之心，人皆有之"，这是人的本性。然而，事业的成功，并非人人都能如愿，问题何在？如何做才能使事业获得成功呢？职业生涯规划为我们提供了一条走向成功的路径。

【知识要点】

职业生涯规划是"圆梦"的计划，是个人对自己一生职业发展道路的设想和谋划，是对个人职业前途的展望，是实现职业理想的前提。职业生涯规划包括选择什么职业，在什么地区、什么单位从事这种职业，还包括自己在这个职业团队中担负什么任务或者职务，以及实现这些设想的措施等内容。职业生涯规划是一个职业探索与奋斗的征程，其目的就是争取最大的收益，少走弯路，避免走回头路，选择最佳的路径来实现职业理想，从而实现职业上的自我价值，促进和推动其他人生理想的实现。

一、职业生涯规划帮助我们目标明确地发现自己

青年人"有梦"，才能奋发向上、孜孜以求；目标明确的"追梦"，才能通过脚踏实地、勇往直前、拼搏实干去"圆梦"。

> 名言：
> 为每个青少年播种梦想，点燃梦想，让更多的青少年敢于有梦，勇于追梦，让每个青少年都为实现中国梦增添强大青春能量。
> ——习近平

确立目标即确立想要达到的境界或标准。明确目标会让自己少走弯路，更快地实现目标。职业生涯规划应围绕"促进个人发展"来制订并将其融入对梦想的追求。人人都追求幸福，而幸福会在我们追求目标的过程中到来。

志向确立越早越好，但在进入中职学校以后，从自己所学专业的实际出发，确立自己的发展目标也为时不晚。职业生涯规划能帮助中职学生从所学专业出发，在真正了解自己、了解所学专业、了解即将从事的职业的基础上，确立既实事求是，又催人奋进的发展目标，制订实实在在的发展措施，为获得成功的职业生涯做好准备。只有在职业发展的道路上目标明确并不断追求的人，才有可能成为成功者。

二、职业生涯规划帮助我们确定职业发展目标

梦想不等于理想，幻想不等于规划。真正科学的规划是建立在对自己和环境准确认识的基础上的对未来一系列目标和行动的策划。在进行职业生涯规划时，通过恰当的分析，认识自己，了解自己，了解自己所处环境，估计自己的能力、智慧以及性格，找出自己的特点，明确自己的优势，知道自己想干什么、能干什么、该干什么，为自己量体裁衣地进行职业定位，从而正确设定自己的职业发展目标，并制订行动计划，以促进目标的实现。

三、职业生涯规划帮助我们鞭策自己不懈努力

职业生涯规划使我们选准了自己发展的着重点、突破口，明确了自己努力的方向。实践中科学的规划会提醒我们、约束我们、鞭策我们沿着既定的目标前进，激励我们像运动员一样，努力向自己的目标冲刺。

四、职业生涯规划帮助我们抓住重点

制订职业生涯规划的一个最大好处是使我们明确每个阶段应该做什么，应取得什么样的效果，有助于我们按轻重缓急安排日常工作，把握阶段性重点，而不是眉毛胡子一把抓。

五、职业生涯规划帮助我们挖掘自身潜能，扬长补短地发展自己

每个人都有潜能，即每个人不论身体状况如何，都有隐藏而没有表现出来的能力。挖掘潜能是自我发展的需要，是职业生涯获得成功的重要保证。职业生涯规划能够使我们集中精力，全神贯注于自己的优势并且会有高回报的方面，这样有助于我们发挥尽可能大的潜力，增强个人实力。

职业生涯规划的落脚点是扬长补短地发展自己。"扬长"即发现、培养、发挥自己的长处，"补短"即认识、发现自己的短处，并有意识地不断缩小自身条件与发展目标的差距。挖掘潜能，发现自己的长处，可以提高信心。有自信，才能大胆参加竞争，接受挑战，最终成功地实现自己的职业理想。

【探索活动】

◆ 从小就立志的张鹏 ◆

张鹏从小喜欢吃妈妈做的饭菜，经常下厨跟妈妈学炒菜。平时跟家人到酒楼或亲戚朋友家吃饭时，他特别留意烹饪方法，一回家就动手尝试。

深信"民以食为天"的张鹏，立志做一个"名厨"，他中考第一志愿就是烹饪专业。入校后他学习非常努力，同时还利用双休日到一家三星级酒店当传菜生，空闲时间就去后厨帮师傅洗菜、切菜。他先掌握了熟练的刀功，遇到师傅们忙不过来时还能掌勺。他对烹饪越来越喜爱，想出了不少菜品，先后三次获得酒店的"创新奖"。

扎实的基本功，再加上丰富的实践经验，使他的烹饪水平提高很快，毕业时他已能做不少拿手菜。现在，张鹏已是上海一家酒楼的"大厨"，圆了当"名厨"的梦。

比一比：

找个同学做搭档，按即将从事的职业对从业者的要求，轮流说出对方的优点或长处，看谁说得准确、中肯。能找个同学做裁判更好。

主题 二 职业生涯发展目标

【活动导入】

在了解自己的基础上选准适合自己的发展方向，明确具体的发展目标，及时抓住机遇，扬长避短地发展自己，在职业生涯发展的道路上就会比较顺利。

一个人能否取得事业上的成功，关键在于他能否准确识别并充分发挥自身的优势。了解了自身的优势，就要树立明确的职业发展目标。选择职业是人生的大事，需要好好规划。职业规划就是首先对自己的内在因素进行测评，来衡量自己真实的内心世界，找到潜质的东西。测评不是目的，是手段，是通过测评找到内在、外在的优势，合起来形成自己的核心竞争力，以找到当前最佳职位切入点和未来各阶段的发展平台。

【知识要点】

一、职业生涯发展目标的构成

职业生涯目标是指个人在选定的职业领域所要达到的具体目标，包括短期目标、中期目标和长期目标。

成功要靠目标来领航，强烈的成功欲望和信心，能极大地激发一个人的能量和热情，使其精神抖擞地为目标的实现做出努力。职业目标既可以是某个方向、某一范围，也可以是十分具体的职业。就职业生涯规划来说，目标不是单一独立

> 名言：
>
> 目标管理最大的好处是，它使管理者能够控制他们自己的成绩。这种自我控制可以成为更强烈的动力，推动他尽最大的力量把工作做好。
>
> ——巴纳德

> 名言：
>
> 要有生活目标，一辈子的目标，一段时期的目标，一个阶段的目标，一年的目标，一个月的目标，一个星期的目标，一天的目标，一个小时的目标，一分钟的目标。
>
> ——列夫·托尔斯泰

的，而是一个各要素相互联系的系统。这个系统就是建立起有层次的相互联系

的目标族。

1. 日目标

"每天进步一点点"是职业生涯规划的基本理念。首先要确定每天的目标，知道自己每天该干什么、能干什么，才能切实去做，完

> **名言：**
>
> 　　要向大的目标走去，就必须从小的目标开始。
>
> 　　　　　　　　　　——列宁

成每天的进步计划，使每一天都过得有意义。只要每天都能按计划完成自己的目标，就没有办不成的事。

2. 周目标

周目标在职业生涯规划中是一个很重要的时间阶段目标，例如，每周都能完成一个与自己的职业生涯密切相关的重要事项，职业生涯发展会更顺利，人生才能走得更加扎实。周目标可以按照具体事项意义的大小排序，按事情的大小和所用时间的长短进行分解，并确定完成时间。每周都要确定一至两个重要事项作为本周的重点事项，并用重点事项统领其他事项，与总体目标保持一致。

3. 月目标

月目标是职业生涯规划的核心阶段。如果每个月都能感觉到自己的进步，那么职业生涯发展就一定是必然的。每年12个月就像一个人将要上升到一个新高度的12级台阶。如果每个台阶都能如期顺利地迈上去，职业生涯发展新的平台就会在你的脚下。每个月的职业生涯发展必须要切实地分解到每一周、每一天，并且扎扎实实地落实好，这样才能获得明显的职业生涯发展。

4. 年目标

如果把月目标看作职业生涯发展的台阶，年目标就是职业生涯发展的平台。怎样由小的平台上升到更大的平台上去？这就是年度职业生涯发展目标设定时需要关注的问题。一个人职业生涯发展的黄金阶段不过十几年，把握住了关键的几年就把握了一生。从某种意义上来说，关注职业生涯发展的每一年就是关注自己的一生。要完成年度职业生涯发展目标，就要特别关注自己年内想做的一两件让别人看得到、自己记得住的大事，要清楚自己可以通过做哪些具体的工作来实现它，能够恰当地用最有效的方法不断来缩短到达目标的距离。

5. 阶段目标

三年目标应该是职业生涯发展的阶段性目标。每一阶段任务的完成都是个

人职业生涯发展的一大步。三年，在职业生涯发展中具有非常重要的意义。一般情况下，三年总是人生转折的重要关头，职业生涯发展目标的设定要非常重视"三年"这个时段。如果一个人能够在职业生涯中一年一小变，那么三年就可能是一大变，很多职位的提升年限大多也设定为"三年"。要实现三年的职业生涯发展目标，就要把三年目标与一年目标，甚至月、周、日目标紧紧地联系起来，要清楚地知道设定的三年目标要分几步达到，每一步都要通过什么样的具体途径来实现，并要设定三年目标的工作主线，规划自己除了工作主线外还想从哪些方面发展自己。

6. 中期目标

三年后的若干年应该怎么办？这是中期职业生涯发展目标设定时必须注意的问题。这里有4个问题需要思考：

（1）3年以后设想自己达到怎样的生存状态，是技术能手、业务带头人、项目授权人、管理人员，自己的发展空间不断扩大，还是退出主流岗位、待岗、封闭自己的发展空间？

（2）3年以后的岗位目标、收入目标、业绩目标是什么？

（3）到5年或者10年时，自己最值得骄傲的是什么？

（4）那时自己希望得到别人什么样的评价？

中期目标设定时要注意与长期目标的衔接和三年目标的协调；围绕目标所设定的工作要有可考察性；要把核心竞争力、发展通道、核心目标等发展主线内容分解成阶段目标和具体的实施步骤，从而达到实现主线发展目标的目的。

7. 长期目标

长期职业生涯发展目标的设定实际上就是在给自己的整个职业生涯定向。长期职业生涯发展目标的设定应该以自己的理想、兴趣、个性特征、教育背景、职业训练等为基础。一旦确定了长期目标，就要尽量减少职业转换，为自己的职业生涯发展做长期准备。长期目标的设定要充分体现自己的理想和个性特点；长期目标的设定要与各阶段的目标相贯通；所设定的长期目标应该是自己心中强烈向往的，并能够为此全力以赴的。

8. 人生目标

人生目标就是人生理想，它是我们每个人一生中最崇高最远大的理想，它是激励人们奋发图强、不懈追求的起动机，是指引人们不畏艰难险阻奋勇前行的火炬，是给人们时时注入旺盛活力和持久耐力的加油站，没有美好的目标就没有美好的人生。因此，人在一生的奋斗过程中必须设定自己的人生目标，只有这样，才有可能创造出自己满意的辉煌人生。

在进行人生目标设定时，要认真思考以下4个问题：一是你最终想达到什么样的人生状态；二是你退休后想让人们对你有什么样的评价；三是你最想要的"盖棺定论"的一句话是什么；四是你想在有生之年做几件什么样的大事来达到你所期望的那种状态。人生目标的设定不一定很具体，但一定要清晰，能够成为自己心中的一种美好的愿景。人生目标应该是其他各个不同时段目标的根本，其他目标都是在为人生目标做基础，一系列阶段目标连在一起就是你的人生走向辉煌的过程。

二、职业生涯发展目标必须符合发展条件

职业生涯发展条件有外部和内部两类。外部条件主要指本人可能有的发展机遇，及家庭状况、家乡经济特点和行业发展动向。内部条件主要是指现实的身体素质、个性特点、学习状况、行为习惯等及其变化趋势。我们要选择适合自己的发展目标，因为职业生涯规划不是对个人职业前途不切实际的幻想，而是脚踏实地追求成功职业生涯和人生发展的规划。

1. 树立正确的人生观、价值观

正确的人生观、价值观是明确职业发展方向的必要条件，也是毕业生走向工作岗位的第一要素。

实现全面建成小康社会的国家发展阶段目标的过程，正是中职学生在校学习、迈开职业生涯第一步的过程；实现建成富强、民主、文明、和谐的社会主义现代化国家的国家发展长远目标的过程，是中职学生在职业生涯发展台阶上不断攀登的过程。在追求国家富强、民族复兴的过程中，个人职业生涯才能得到可持续发展，自己和家人才能越来越幸福。

2. 准确地进行自我评估，分析客观条件

中职学生在确定职业生涯发展目标时，进行准确的自我定位非常重要。确立目标的过程，实际是以自我设定目标为结果的自我认知、自我赞同、自我承诺、自我实践的过程。自我认知、自我赞同，指的是实事求是、一分为二地看待自己，既立足事实，又不妄自菲薄。自我承诺、自我实践，指的是下定实现

目标的决心，化意愿为动力，使目标成为激励自己的动力，使自己追求的目标能够真正实现。

自我剖析，既要立足现实，看清"现在的我"，更要着眼未来，看到"将来的我"。要认真分析自己的生理和个性特点、学习状况和行为习惯等方面的现状和变化趋势，对自己有一个比较准确的综合判断，找出自己与众不同的地方并发扬光大。职业生涯设计的关键在于立足现实、展望未来、目标明确、措施到位，这样才能不断提升自身素质，朝着预定的方向发展，开创自己成功的职业生涯。

三、职业生涯发展目标的选择

对职业生涯发展目标，特别是长远目标的选择将影响人的一生。我们应该通过预测、衡量、比较、调整，即"筛一筛、量一量、比一比、变一变"后，再做出职业生涯目标的选择。

1. 预测

预测是设想各种方案并进行可能性评价，估计其可能产生的结果，包括成功的结果和失败的风险，也就是先看看这个目标有没有

> 名言：
> 凡事想要做成的话，总是要在理想和现实之间做出可能的选择。
> ——李克强

可能实现。不论长远目标，还是阶段目标，在确立之前都要"筛一筛"，把不切实际、不可能达到的目标去掉。

2. 衡量

衡量就是考虑事物的轻重得失。衡量职业生涯发展目标的可行性，即在预测结果的基础上，对设定的发展目标进行考量，结合自己

> 名言：
> 知己知彼，百战不殆。
> ——《孙子兵法》

的实际情况，综合各种因素，遵循一定的原则，确定最适合自己、最具有可行性的目标方案。考量职业生涯发展目标一是要了解发展目标对从业者职业素养的要求，衡量本人现实条件与之匹配的程度；二是要了解发展目标对从业者可能有的回报，衡量本人价值取向得到满足的程度；三是要了解发展目标对外部环境的要求，衡量本人可能有的发展机遇和与之相符的程度。

　　衡量目标可行性的过程实际上是通过"量一量"发展目标，对本人实际、发展机遇及其发展趋势进行反思。能准确地进行自我认识和评价，才可能合理地对发展目标做出恰当的选择。

3. 比较

　　比较目标优劣即"比一比"，是在衡量所得结果的基础上，对各种备选方案进行比较、排序，确定最优方案。其目的是反复斟酌、排序择优，从多个备选方案中，挑选出最符合自身发展条件，对自己最有激励作用的方案。

4. 调整

　　职场上常说，计划赶不上变化。对于自己遇到的问题和环境，根据个人需要和现实变化，需要及时调整职业生涯发展目标，一成不变的职业生涯发展目标有时形同虚设。

　　分析自我条件和确定职业生涯发展目标的关系可以用下面的结构图来表示。

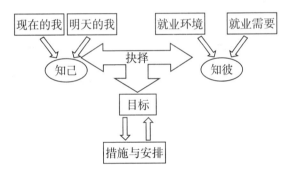

分析自我条件和确定职业生涯发展目标的关系

【探索活动】

　　1. 想一想

　　（1）国家发展的阶段目标、长远目标与个人职业生涯发展之间有什么关系？

　　（2）通过职业生涯发展，你能对国家长远目标"把我国建成富强、民主、文明、和谐、美丽的社会主义现代化强国"做出哪些努力？

　　2. 讲一讲

　　你如何选择自己的职业生涯发展目标？向同学、亲友、老师或父母谈谈自己选择的长远目标，听听他们的意见，考虑是否要对自己的决定予以修改、调整。

主题四 职业规划方案

【活动导入】

小明说："我喜欢上网，我毕业以后要开一个网吧，天天玩。"

小军说："我以后要当老板，开公司，挣很多钱。"

小丽说："我打算假期的时候做一些兼职，同时寻找可以就业的机会。就业后认真工作，5年内做到行业的熟练人员，争取自己开店。"

请同学们说说，谁的想法更可行？

【知识要点】

一、SWOT分析与职业规划

SWOT分析法是近年来企业常用的方法，它可以对研究对象所处的环境进行全面、系统、准确的研究，从而根据研究结果制订相应的发展战略、计划以及对策等。

"SWOT"4个英文字母分别代表：

S–Strength	强项、优势
W–Weakness	弱项、劣势
O–Opportunity	机会、机遇
T–Threat	威胁、对手

从整体上看，SWOT可以分为两部分：

（1）SW，主要用来分析内部条件。

（2）OT，主要用来分析外部条件。

用SWOT分析法进行职业规划主要有以下4步。

（1）评估自己的长处和短处。做一份表格，列出自己喜欢做的事情和长处以及不喜欢做的事情和短处，并列出自认为所具备的很重要的强项和对你的职业选择产生影响的弱项。然后再标出那些你认为对你很重要的强、弱项，努力去改正你常犯的错误，提高技能，放弃那些对你不擅长的技能要求很高的职业。

（2）找出职业机会和威胁。不同的行业（包括这些行业里不同的公司）都面临不同的外部机会和威胁。

列出自己感兴趣的一两个行业，然后认真地评估这些行业所面临的机会和威胁。

（3）制订今后5年内的职业目标。

（4）制订一份今后5年的职业行动计划。

案例

◆◆ 职业规划方案 ◆◆

1. 基本资料

姓名：何生

性别：男

血型：B型

出生地：四川成都

出生年月：1988年8月3日

学历：本科

目前年龄：30岁；停止工作预测：70岁；尚余年限：40年。

优势：

（1）有较坚实的制造企业管理理论基础（但仍需不断吸收新观念、新知识）。

（2）有3年工厂基层技术及管理经验和5年的工厂中层管理经验（但仍需充实这方面的经历和经验）。

（3）善于沟通，善于与人相处，适应能力强（才干一）。

（4）分析问题时头脑冷静，善于发现和解决问题（才干二）。

弱势：

有时缺乏冲劲，做具体工作动作较慢（弱点）。

机会与威胁：

目前所处工厂属于稳定期，调薪较慢，升迁机会极小。应抓紧时间多学习，打下基础，为下一步突破养精蓄锐。

2. 整体生涯规划

整体事业生涯目标——希望成为一家中型制造型企业的总经理。

阶段目标：

30～32岁，仍在现企业任职，争取调换职位，熟悉制造、品管、工程、物料等部门的运作。自学MBA的主干课程。

33～35岁，跳槽应聘制造业企业管生产的副总经理等相关职务，从事工厂的全面管理工作。自学营销方面的课程。

35～39岁，从事制造业的高层管理工作。

40岁，应聘一家中型制造型企业的总经理。之后，一边从事管理工作，一边不断学习和实践，逐步成为一名优秀的职业经理人。

家庭目标：目前已婚。31岁开始以10年期供楼。

健康目标：人身保险至少50万，注意身体健康，不要成为家庭与事业的负担。

收入目标：

第1～2年，年薪8～10万；第3～5年，年薪10～15万；第10年，年薪30万，之后每年以5%～10%的比例增加。如果可能，自行创业（非绝对必须之目标）。

学习目标：

第1～2年，自学完MBA主干课程；第3～5年，自学完营销管理主干课程；第10年以后，每月至少看3～5本以上相关管理书籍，并将学到的知识用于管理工作。

3. 5年的生涯规划

（1）拥有更详细、更具有实效性的工厂全面管理的专业知识。

（2）对重要事件细节保持敏锐度。

（3）具有对问题刨根问底的追溯精神，全面分析、判断问题与解决问题的能力。

（4）抓住机会，勇于行动。

（5）保持对新事物的敏感、创新和创意力。

（6）不断改进、追求完美。

（7）均衡的学习技巧与习惯。

行动目标——5年内应全力完成的目标如下：

（1）在任职企业中完全胜任其职位工作，并争取换岗，熟悉各部门的运作规律。

（2）在企业工作、实践、学习并掌握所有工业企业管理知识提高实操能力。

（3）自学完12门MBA主干课程。

（4）每年至少参加100小时以上的相关管理培训课程。

（5）每月至少读一本相关专业的书籍。

（6）每周体育锻炼3小时。

（7）在第4年年底之前跳槽成功，并从中层管理职位转变为高层管理职位。

4.年度规划

（1）具有对自己的追求不满足和追求卓越的精神。

（2）具有工厂全面管理与操控能力。

（3）培养自己的行动能力。理念——只要一想到，马上去做到。

行动目标——今年内应全力完成的目标如下：

（1）上半年将所任职之制造部的工作理顺，培养出接班人；下半年争取转岗去工程部任主管。

（2）积极参与全公司的QS-9000推行工作，由此对品管工作有更深的认识。

（3）自学完5门MBA主干课程，参加至少100小时的公司以外的培训。

【探索活动】

请同学们根据自身的条件和想法，对自己未来的职业规划做一个方案。

主题 五 职业生涯规划的调整

【活动导入】

外部条件的变化既会给从业者发展目标的实现带来困难，也会给职业生涯发展带来新机遇。每个从业者必须正视现实，勇敢地面对挑战。要善于抓住机遇，不失时机地调整发展目标，根据新目标有的放矢地提高自己，用自身素养的提高来主动适应外部条件的变化。

【知识要点】

职业生涯规划必须有其严肃性，以相对稳定的目标和措施约束自己的行为；职业生涯规划又必须有其灵活性，与时俱进地根据内在条件和外部环境的变化调整发展目标。选择在最佳时期对职业生涯规划进行必要的调整，是处理好严肃性与灵活性之间关系的有效手段。职业生涯规划的影响因素很多，有的变化因素是可以预测的，有的变化因素则难以预测。要使职业生涯规划行之有效，就需要不断地对职业生涯规划进行评估、修正。调整内容包括发展目标、发展阶梯、发展措施。调整的依据是职业生涯发展的内外部条件的变化。

一、调整职业生涯规划的必要性

1. 应对外部条件变化的需要

发展目标的实现，需要发展条件的保证。有些外部条件的变化，从业者个人往往难以掌控。当外部条件变化导致职业生涯发展目标难

> 名言：
> 　人生成功的秘诀是当好机会来临时，立刻抓住它。
> 　　　　　　　　——狄斯累利

以实现时，必须及时调整近期目标和发展措施，有时甚至需要调整长远目标。

中职聋生职业生涯发展外部条件的第一个变化，很可能就是市场需求的变化。这一变化，可能导致首次就业岗位与自己规划的发展目标差距过大。其他

的变化，大多发生在职业生涯开始以后，大致有以下5类：一是经济形势、产业结构的调整；二是行业发展趋势变化和技术、工艺更新；三是从业者所处的组织环境，即所在单位的人际关系发生变化，这一变化对聋人职业生涯发展的影响非常显著；四是因用人单位需要，产生了岗位、职务变迁；五是新的发展机遇的出现。每一次变化，都会有一些人不适应正在从事的职业而流动。而他们对职业也要有一个适应的过程，并且一般聋人的适应过程都比较长，如果适应不了就需要继续改变职业方向。

想一想：

到中职学习一段时间后，和初中的时候相比，你更了解职业和职业生涯规划了。想一想你在哪些方面有了进步？

2. 适应自身条件变化的需要

处于成长期的青年人变化明显。中职聋生在校3年会在品德、行为习惯、知识、技能、阅历、价值观、性格等方面发生变化，家庭经济状况和身体条件等方面或许也与3年前不同，这些变化可能导致阶段目标甚至长远目标需要修正，相应地也需要调整发展措施。

随着人生发展到不同阶段，我们应该经常分析追求的目标及其价值，分析面临的变化。许多不成功的职业生涯规划，往往源于对外界和自身变化的忽视。在职业生涯发展的各个阶段，从业者应该经常"称称"自己的"斤两"，并分析所追求的目标及人生价值实现的情况。工作一段时间，就应该思考：自己喜欢的工作到底是什么？自己的专长是什么？现在的工作对自己的重要性和家庭对自己的重要性是什么？有哪些工作机会可供选择？存在的工作威胁是什么？调整职业生涯规划的实质就是要通过对以往成长经验的反省，检视自己的价值，以适应新的变化。

二、调整职业生涯规划的时机

对于初次走上社会的职业学校的毕业生而言，职业生涯规划调整的最佳时期有两个：一是毕业前夕，有了求职的实践，根据新的就职信息和供需实际，在求职过程中进行调整；二是工作3~5年时，有了从业的经验，根据从业过程对自身条件的检验，根据周围环境和自身素质的变化，及时予以调整。

1. 毕业前夕的调整

中职学生调整职业生涯规划的第一个最佳时期是毕业前夕，应根据实训中和求职过程中的体验，依据就业市场的供需实际，对职业生涯进行调整。这次调整既可着重于近期目标和其他阶段目标的调整，也可以对长远目标进行调整。

在这个时期，中职学生常会感到在入学时所定的职业生涯规划与实际有距离，甚至差距很大。主要原因有3个方面：一是在进行职业生涯规划时，对就业市场缺乏了解；二是环境和自身条件都发生了比较大的变化；三是还没有完成从"学校人"向"职业人"的角色转换。如果是前两个原因，应根据实际认真调整职业生涯规划。如果是第三个原因，说明职业生涯规划并没有脱离实际，而是自己没有及时完成角色转换，应该加快适应社会的步伐，等完成角色转换后再考虑是否需要调整规划。

2. 从业初期的调整

职业生涯规划调整的另一个最佳时期，是工作3～5年时。这时已经初步有了从业的经验，可以根据从业过程对自身条件的检验，根据周围环境和自身条件的变化，在职业转换过程中调整自己的职业生涯规划。

初入工作岗位的第一年，除非有特殊机遇，一般不要轻易调换工作。因为此时尚未完全从学生的角色中转变过来，应该珍视已经到手的就业机会。在工作3～5年时调整职业生涯规划的原因主要有4个：一是中职学生初次择业，难以找到十分适合自己的职业，初次上岗的从业实践，又证实自己很难按照现在的岗位对从业者的要求调整自己，也就是难以做到人职匹配，很难在现在的岗位上得到发展；二是在校时设计的职业生涯规划毕竟是从学生的角度看社会，自己确定的职业发展目标是否符合实际，缺乏实践检验；三是已有从业经历，对社会、对人生有了切身体验，有了更深刻的认识，对职业生涯发展目标有了新的追求；四是发展的外部条件有了重大变化。因此，在就业3～5年后，重新审视自己内外条件的变化，及时调整发展方向和前进步伐，调整、完善自己的职业生涯规划，让它更符合自己的理想，更具有现实性、操作性，对今后的职业生涯发展具有重要意义。

三、调整职业生涯规划的方法

职业生涯规划的调整，实际上是职业生涯规划步骤的再循环。但再循环不是原有设计过程的简单重复，而是根据自身条件、外部环境，对原有职业生涯规划的反思和再创造。

1. 自身条件的重新剖析

掌握个人条件的变化及其在职业实践中检验的结果，加深对自己的认识，检验自己的职业素养是否适合所从事的职业，弄清楚"我能干什么""我能干好什么"，在此基础上选择更适合自己的方向，调整自己的职业生涯规划，从而为自己的长期发展奠定基础。调整职业生涯规划时的自我条件剖析，不同于第一次进行职业生涯规划时的"分析发展条件"，二者主要区别如下：

第一，重新剖析是在总结职业活动实践经验的基础上进行的，即对原目标有了不满之意。入学不久的中职学生进行的发展条件分析，多半是从理论到理论的分析，对自身条件和外部环境的分析往往带有脱离实际的"非理性"色彩，与现实有一定的距离。而在经过一段时间的职业实践后，他们会对自身条件有新的理解和认识，从而可以更有针对性地调整规划。

第二，重新剖析是在有了新的发展目标，或者对原定规划已有调整意向的前提下进行的，即已对新目标有了初步想法。这种调整意向，往往是在有了新的发展目标，至少是对第一阶段目标已经有了调整决心时产生的。职业学校毕业生在求职实践或从业实践中，与职场有了"零距离"接触，开阔了视野，对职业这个大千世界有了进一步了解，因而产生了调整发展目标或阶段目标的决心，甚至已对新目标有了初步想法。中职学生初次进行职业生涯规划时，往往强调先分析发展条件，后确定发展目标，以避免涉世不深的青年人"眼高手低"。而对于那些已有实训经历、求职实践或从业实践的青年人来说，进行职业生涯规划调整时重新剖析自身条件，是为了校验初定目标是否符合实际。

2. 发展机遇重新评估

在从业过程中，内外环境会给自己的职业生涯带来机遇和挑战。调整职业生涯规划是对发展机遇重新评估，是通过"什么可以干"的自我审视，对就业环境进行再分析，评估自己职业生涯的机遇和阻碍状况。如分析当前经济社会发展趋势会是什么样子；自己所从事的职业在目前与未来社会中的地位将如何；社会发展对自身发展的影响有多大；自己所在企业的内外环境和个人的人际关系怎么样等。只有弄清楚了这些，才会明白对于自己来说什么是可以干的，什么是不能干的。

如果中职生初次进行职业生涯规划时，对发展机遇的分析，大多依靠间接获得的资料，那么在调整职业生涯规划，重新进行职业生涯机遇评估时，从业者不但已掌握了许多第一手资料，而且已经有了亲身体验的感受。对职业生涯机遇重新评估，除了对原规划的职业生涯发展机遇进行再评估外，更要围绕新的初选目标实现的可能性，进行外部环境的分析。

3. 修正职业生涯发展目标

职业生涯目标修正通过"我为什么干"的自我审视，在重新剖析自我和重新评估职业生涯机遇的基础上，修正职业生涯发展目标及职业生涯阶段目标，即对长远目标、近期目标进行调整。

对职业生涯目标的修正，除了以自我和环境再分析为主要依据外，更侧重于对目标的价值取向的修正。已有实践经历的中职生与缺乏求职、从业实践的在校生相比，发展目标的价值取向不再是虚拟的、理论的，而是实在的、务实的。实在务实的价值取向，对于修正职业生涯发展目标十分有益。在取得求职或从业实践经验的基础上，对原有的价值取向进行深刻的反思，是职业生涯发展目标修正的主要保证。

选择更适合自己的发展方向和发展目标，从而为自己的长期发展奠定基础，彻底解决"我为什么干"的问题，是调整职业生涯规划的关键。只有在求职或从业实践中得到感悟，才能使职业生涯规划更加符合自身实际，做到有的放矢。

4. 职业发展措施修订规划的设计、制订

职业发展措施修订规划的设计、制订很重要，规划的贯彻、落实同样重要。职业发展措施修订通过"干得怎么样"和"应该怎么干"的自我审视，根据修正后的长远目标和阶段目标，制订新的发展措施。

科学、务实的目标和严谨、周密的措施，是职业生涯规划的核心内容，也是评价一份职业生涯规划优劣的主要标准。反思原规划中发展措施的针对性和实效性，回顾原规划中发展措施的落实情况，有利于新措施的制订和落实。这种反省和回顾，不仅仅是调整职业生涯规划的需要，而且也是自我管理能力提升的过程。

影响职业生涯规划变化的因素很多,有的变化因素可以预测,而有的变化因素难以预测。要使自己的职业生涯规划行之有效,就必须不断地对职业生涯规划进行评估、修正,及时调整原定的职业生涯规划。调整并非放弃,而是与时俱进。当一个人的职业生涯并非一帆风顺时,调整不但会有"山重水复疑无路,柳暗花明又一村"之感,而且调整的过程往往可以使人的很多方面的能力都得到提高。

【探索活动】

利用本节课学习的内容,对上节课自己所做的职业规划书进行调整。

主题六 职业生涯规划的自我评价

【活动导入】

◆◆ 她的规划合适吗？ ◆◆

学花卉园艺的杨华写了一份标题是"我想当盆景造型师"的职业生涯规划书，在班上交流时引起了争论。有人说不错，有的人看法却不同。

她在介绍自己的规划时，说自己原本是稀里糊涂地学了花卉园艺专业，可是在老师带着参观公园、花圃和花卉展销会时，看着那些鲜艳的花朵和精美盆景，听着老师的讲解，她开始对小小花盆折射出的山林野趣产生了兴趣。她通过调查了解到本地已经建成鲜花生产基地，花卉生产成了新兴产业。由于本地周边城市居民住宅的室内空间大，有不少居民想在室内摆放盆景，营造绿色空间，盆景的销售量大，经济效益高。为此，她确定了当盆景造型师的长远目标，把近期目标定为拿到盆景工职业资格证书，争取学校把自己安排到当地盆景园实训。

杨华还向同学们介绍了自己在学校学习的计划，谈了她想通过多看关于盆景的书、上网欣赏盆景图片、逛盆景市场的方式，提高自己欣赏美、创造美的能力。

在同学们七嘴八舌评价她的职业生涯规划时，有人说杨华的长远目标应定为创办盆景园，有人说杨华文化课成绩不错，应该把上高职的园艺专业作为近期目标，有人夸奖她的发展机遇分析得好，有人建议她在发展措施中加上考察名山大川，通过开阔眼界进行盆景创意，有人赞扬杨华养成了爱去阅览室、爱看园艺杂志的好习惯，有人指出她对业余时间抓得还不够紧，上网控制不住自己……

杨华困惑地看着老师。老师说："众人拾柴火焰高。你要结合自己的实际，认真考虑同学们的建议。有两点要考虑：一是你父母收入不高，上高职收费可不低，先预测一下家里经济条件会不会发生变化，再考虑改不改近期目标；二是建议你从'创业者应有的素养和能力'和'评价职业生涯成功的不同价值取向'两个方面分析一下自己的实际情况，再决定是否要创业。"

思考讨论：

（1）杨华的近期目标、长远目标制订得合适吗？

（2）你能为杨华的发展措施提一些建议吗？

【知识要点】

一、评价职业生涯成功的不同价值取向

职业生涯成功能使人产生自我实现感，从而促进个人素质的再提高和潜能的进一步发挥。职业生涯成功与否，个人、家庭、企业、社会判定的标准都存在一定的差异。

> 名言：
>
> 　成功的意义应该是发挥了自己的所长，尽了自己的努力之后，所感到的一种无愧于心的收获之乐，而不是为了虚荣心或金钱。
>
> ——罗兰

从现实来看，职业生涯成功的标准和方向具有明显的多样性。

1. 不同的人对职业生涯成功的理解不同

有人认为超过就是成就了事业，有人认为事情取得预期的结果就是成功。不同的人对成功的理解是不同的。

不同的人对职业生涯成功与否的判断标准不同。有的人看重财富的多寡；有的人看重权势与地位；有的人追求和谐的工作氛围；有的人追求具有挑战性的工作；有的人觉得被别人认同才是成功；有的人还把自己的职业和社会理想联系得很紧密，认为推动了社会发展才意味着职业生涯的成功……其实，同一个人在不同的年龄阶段，对职业生涯成功的理解也会有变化。

虽然人们的理解各不相同，但有一点是共同的，那就是职业生涯的成功能让人产生自我价值的成就感，能促进个人素养的进一步提高和潜能的挖掘。

2. 6种职业生涯成功的价值取向

我们在制订、调整、评价自己的职业生涯规划时，要了解自己最想得到什么。研究人员把一个人在做出职业选择时放在首位的追求，即"最想得到"作为参照，系统地阐述了6种职业生涯成功的价值取向。

（1）进取型（管理型）

进取型的人希望在一个组织中不断地取得更高的职务，直至取得最高职务，认为职务上升才是职业生涯成功的标志。这种人最愿意做一把手，最不愿意当副手。思维方式是"帝思维"。这种人适合朝高层职业经理人的方向发展。

（2）安全型（稳定型）

安全型的人对有没有更高的职务不是很重视，甚至有意回避，他们追求稳定、被认可。这种人追求上级把他当作自己人，有事愿意和他商量，即使是职务不变化也没有关系。思维方式是"仕思维"。这种人适合做助手。

（3）攀登型（创业型）

攀登型的人不喜欢重复性的工作，愿意做具有挑战性和冒险性的工作。他们需要新奇、变化和困难，认为如果事情非常容易，工作会变得令人厌烦。这种人最适合做市场开发的工作。

（4）自由型（独立型）

自由型的人不愿意受控制，甚至上班的时间也不愿意被规定，追求能施展个人能力的工作环境。自由型的人希望交给自己一项工作，说好几天要什么结果，就自己安排去做了，至于是白天干还是晚上干，今天干还是明天干，不喜欢别人给予太多限制。这种人最讨厌的就是打卡机。

（5）平衡型（生活型）

平衡型的人追求工作、家庭关系和自我发展这三者之间取得有意义的平衡发展。在这种人看来，工作、家庭、自我发展每一方面都不是特别突出，没有取得让人羡慕的成就，但这三个方面一定要互相支持，能够均衡发展，不愿意因为一件事情去牺牲其他的事。这种人更关注自己如何生活、在哪里居住、如何处理家务和自我提升。为此，他们甚至可以放弃职位的提升，来换取三者的平衡。

（6）服务型

服务型的人认同"帮助他人"的核心价值观，乐于为他人服务。为此，他们会拒绝不允许他们实现这种价值的变动或工作提升。

这些职业生涯观念来自于个人的思维习惯、动机、职业价值观和决策类型，既反映了职业生涯成功标准具有明显的多样性，也成为指导人们评价自己职业生涯是否成功的依据。中职生在职业生涯发展过程中，应该不断审视自我，逐步明确个人的需要与追求，明确自己的优势及今后发展的重点，并且针对自己对职业生涯成功的追求，自觉改善、增强和发展自身的能力，找到自己的职业定位。

二、评价职业生涯发展的要素

1. 从个人、家庭、企业、社会的角度评价

（1）从个人角度看，因为每个人的价值取向不同，对职业生涯成功的追求不同，所以对自己职业生涯评价的要素也有区别。然而作为一个职业人、社会人，在评价自己的职业生涯发展是否成功时，只从自己个人的角度，单凭个人的追求，就做出成功与否的判断，至少是片面的、不准确的。

（2）对职业生涯发展的评价必须综合考虑个人、家庭、企业、社会等各方面的因素，而这几个方面在职业生涯发展的评价中有差异。按照人际关系范围，可以把职业生涯发展的评价分为自我评价、家庭评价、企业评价和社会评价4类。如果一个人的职业生涯发展能在这4类评价中都得到肯定，则其职业生涯或者这一阶段的职业生涯才是成功的。

> **名言：**
>
> 　　你若要爱自己的价值，你就得给世界创造价值。
>
> 　　　　　　　　　　——歌德

•◆ 从广告设计转到广告业务 ◆•

学电脑艺术设计的娟娟，在职校时给自己定的发展目标是从平面设计员起步，向一流的电脑美术设计师的方向努力。由于性格外向，娟娟还特别注重性格的调适，以适应平面设计师的职业需要。父母对她的规划很满意，认为这是一份适合女孩子的工作。

毕业时，"三创"学生、优秀学生干部的娟娟，引起一家报社的注意，把她安排在广告部做平面设计。娟娟为自己顺利迈上规划中的第一个台阶而高兴，在广告设计的岗位上专注地工作。可是刚干了一年多，由于报社急需拓宽广告市场，让娟娟改做广告业务。父母有顾虑，认为拉广告比较辛苦，收入也不稳定，女孩子从事这个工作不合适。

娟娟反复斟酌，觉得广告业务不同于广告设计，面对的是人，自己性格

外向、独立性强，而且有广告平面设计的底子，联系业务时能领会广告客户的意图，一定能比没学过电脑艺术设计专业的人有优势。再说有了广告业务的经历，能更好地揣摩客户需求，对将来成为一流的电脑美术设计师也很有帮助。娟娟不但愉快地走上了新岗位，而且当年就经手广告业务600多万，成了报社里有点名气的人物，个人收入也大大提高了。

案例评析：

个人、家庭、企业和社会对职业生涯发展的评价出发点不同，结论也会有区别。我们应该学会处理他们之间的辩证关系，在制订、调整和评价自己的职业生涯规划及其效能时，要注重对自身条件、发展机遇、价值取向的评价，从能否促进发展的角度出发来评价，并通过阶段性评价来拓宽发展思路。

2. 为中华民族的复兴发挥正能量

评价职业生涯是否成功，要从个人在追求自己梦想的过程中取得的阶段成果或最终成果与"中国梦"的契合程度来进行判断。换言之，即个人职业生涯发展的阶段成果或最终成效，是否符合全面建成小康社会的需要，是否符合中华民族伟大复兴的需求。

每个人都生活在社会中，个人学技术、长才干，取得的职业生涯发展，要对他人、对社会、对国家负责，才是真正有价值有意义的职业生涯发展。人的职业生涯发展与社会经济发展密不可分，国家的发展为个人发展提供了机遇和条件，众多个人发展的积累，既是国家经济发展的动力，又是中华民族伟大复兴的保障，也是国家繁荣昌盛的具体体现。

一个人的职业生涯发展成功与否，除了要看能否满足个人的需要以外，还要看能否给周围的人带来幸福和快乐，能否为中华民族的伟大复兴添砖加瓦。

三、评价自己的职业生涯规划

要对职业生涯进行全面的评价，必须综合考虑个人、家庭、企业、社会等各方面的因素。

1. 评价职业生涯的目的和依据

评价职业生涯的目的在于通过衡量、评定规划的价值，进一步发挥职业生涯规划对自我发展的激励功能，为自己能有一个良好的职业生涯开端和高质量的职业生涯发展服务。

在评价自己的职业生涯规划时，我们要始终围绕职业生涯规划能否促进职业生涯的可持续发展进行。具体操作时，要考虑以下两个方面。

（1）现实性

主要考量近期目标、长远目标是否适合自己的发展，制订的发展措施能否得到落实，达成的目标能否让自己品尝成功的喜悦。我们制订的职业生涯规划必须可操作，有实现的可能。

（2）激励性

主要考量制订的近期目标、长远目标和发展措施能否不断激励自己奋力拼搏、奋发向上，能否督促自己珍惜时间，养成良好习惯，能否不断提升自己实现发展目标的信心。

◆◆ 她的规划为什么得到好评 ◆◆

学信息管理专业的小琼制订了一份由信息处理及录入员起步，以办公文员的职位过渡，努力成为高级文秘或行政助理，向行政主管转型的职业生涯规划。她在实现近期目标的计划中，不但有提高录入速度和熟练使用各种办公软件以及传真、装订档案之类现代化办公用具的指标，而且还针对今后的晋升、转型的需要，制订了提高文字功底、英语水平的计划和考取文秘职业资格证的时间。除此之外，小琼专门针对提高组织能力、协调能力、沟通能力、执行能力、判断能力、应变能力和亲和力、责任心等方面，制订了训练措施。

在小组讨论她的规划时，同学们首先从现实性的角度，肯定了小琼的近期目标和长远目标。认为，从当前看，中职生从事录入工作的机会很多；从长远看有学信息管理专业的底子，有机会成为行政助理、行政主管。其次，同学们十分赞赏小琼规划的激励性，认为无论阶段目标、长远目标，还是近期目标的措施，既具体、可操作，又富有挑战性。大家最欣赏小琼的能力训练计划，觉得这些能力是做行政助理、行政主管必备的素质，而不仅仅是电脑文字录入速度快。同学们建议小琼在能力训练计划中，再加上会议管理能力、项目策划能力、时间管理能力、心理承压能力。

小琼很感谢同学们的评价，并向大家提出了监督自己执行计划的希望。

案例评析：

学会评价自己和他人的职业生涯规划，才能依靠集体的智慧完善自己的规划，才能争取到落实规划的良好外部环境。

2. 评价职业生涯规划的方法和形式

规划职业生涯的目的是为了督促自己发展，引导自己获得职业生涯成功。可以采用以下两个方法评价自己的职业生涯规划：

（1）按职业生涯规划的设计过程，即按发展条件、发展目标、发展台阶、发展措施4个环节，审视每个环节的现实性，重点思考所制订的长远目标的依据和可行性、激励性。

（2）重点检查规划的近期目标与发展条件的匹配程度，以及近期目标的成功概率和实现近期目标所对应的措施的可操作性，即检查与职业生涯发展的职业准备期、职业选择期、职业适应期有关的目标和措施的现实性、激励性。

3. 评价职业生涯规划的形式

对职业生涯规划做出评价，主要有自我评价、集体评价和教师评价3种形式。其中，自我评价是评价职业生涯规划的基础，除了按上述方法整体审视、重点检查规划的内容以外，还要回顾自己在学习"职业生涯规划"课程和编制自己的职业生涯规划的过程中，哪些方面有所提高，哪些方面还有所欠缺，要通过自我评价再次认识自我、激励自我。

集体评价是完善职业生涯规划的保证。在进行小组或班级评价时，一方面，被评价者要鼓励同学积极评论，认真倾听同学们的建议；另一方面，评价者在评价他人的职业生涯规划时，既要积极提出修改建议，更要发现、肯定这位同学在学习"职业生涯规划"课程的过程中所取得的进步。集体评价的过程是互相帮助、互相激励的过程。

教师评价是再次修订职业生涯规划的导向。不要过分看重得到的分数或等级，而应该重视老师对自己职业生涯规划的修改建议，重视老师对我们在规划自己的职业生涯过程中取得的进步的评语。

4. 评价职业生涯规划的标准

一份好的职业生涯规划应该达到以下几个方面的标准：

（1）要看职业生涯规划是否与"中国梦"相契合，即处理好自己的梦想与"中国梦"之间的辩证关系。例如，在分析自己的发展条件时，能否对家乡、所学专业对应行业的发展动向有清晰的认识，并从中机智地抓住个人的发展机遇。又如，在制订发展措施和编写落实计划时，是否有宏观到微观的思路，能否用国家、地方、行业发展的新动向来鞭策、指导自己的行动。

（2）要看自己的规划是否符合国情，即是否符合我国仍处于并将长期处于社会主义初级阶段的基本国情。例如，能否正视当前的就业现实，处理好"人选职业""职业选人"的辩证关系，有无"兴趣能培养、性格能调适、能力能提高"的措施。又如，自己的梦想是否太虚幻，是否超越了我国仍处于并将长期处于社会主义初级阶段的基本国情。

（3）要看自己的规划是否符合本人实际，即是否符合本人、家庭现状及其发展趋势的实际。例如，如果对自己的长处、短处和特点的分析不足，就会使"扬长避短"的措施缺乏依据。又如，如果自己制订的长远目标过高或过低，就难以发挥规划对自己的激励作用。再如，如果在校期间的发展措施缺乏可操作性，就难以把措施立即落实于行动。

（4）要看制订的规划是否具有完整、合理的环节，即规划的结构、文字表述和图示能否指导自己形成追求职业生涯成功可持续发展的动力。例如，规划对发展条件的分析是否到位，发展目标是否实在，发展台阶是否合理，发展措施是否翔实等。

5. 职业生涯评价体系

职业生涯评价体系由评价方式、评价者、评价内容、评价标准组成，见下标。

职业生涯评价体系

评价方式	评价者	评价内容	评价标准
自我评价	本人	1.自己的才能是否得以施展 2.对自己在企业发展、社会进步中所作的贡献是否满意 3.对自己的职称、职务、工作待遇等方面的变化是否满意 4.对处理职业生涯发展与其他人生活的关系的结果是否满意	根据个人的价值观念及知识、水平、能力
家庭评价	父母、配偶、子女等	1.是否能够被理解和肯定 2.是否能够给予支持和帮助	根据家庭文化

续 表

评价方式	评价者	评价内容	评价标准
企业评价	上级、平级和下级	1.是否有下级、平级同事的赞赏 2.是否有上级的肯定和表彰 3.是否有职称、职务的晋升或相同职务责权范围的扩大 4.是否有工资待遇的提高	根据企业文化及其总体经营结果
社会评价	社会舆论、社会组织	1.是否有社会舆论的支持和好评 2.是否有社会组织的承诺和奖励	根据社会文明程度、社会历史进程

职业生涯成功是个人职业生涯追求目标的实现。职业生涯成功的含义因人而异，具有很强的相对性。对于同一个人在不同的人生阶段也有着不同的含义。符合自身条件和发展机遇，能让自己在职业生涯发展道路上可持续发展，能够激励自己向一个又一个目标冲击的规划，就是好的职业生涯规划。设计一份职业生涯规划的目的，在于从职业的角度了解自己、了解社会，树立奋发向上的职业理想，引导点亮自己的成长梦，追求自己的报国梦。我们中职生要有理想、有担当，要勇敢地肩负起新时代赋予我们的历史重任，努力在实现中华民族伟大复兴的"中国梦"的实践中放飞自己的青春梦想。

【探索活动】

·◆ 主题班会 ◆·

目的：

1. 交流规划，总结学习"职业生涯规划"这门课程的体会，交流落实职业生涯规划的想法。

2. 汲取集体的智慧，进一步完善各自的职业生涯规划；依靠集体的力量，互相帮助，落实规划。

主题：

由班委会组织同学们讨论后，与德育课老师、班主任商量后确定。

可供参考的题目：

·畅想我的梦·中国梦

·青春梦想，同龄同行

·用我的梦编织中国梦

·胸怀中国梦，放飞我的梦

·青春勇担当，实现中国梦

·汇聚青春正能量，共话青春中国梦

◆ 职业生涯规划自我评价范文 ◆

自我分析与自我剖析、自我研究相类似，都是一个人为更进一步了解自身，包括了解自身的优缺点（主要是为了了解缺点），而列出的相关逻辑上的分析与对比，做出相应的分析，进而制订相应的对策，通过定期，或不定期的自我分析而不断地进行自我完善。

自我分析：

1. 职业兴趣

我是一个实干家，以实实在在地完成实实在在的事情为原则，喜欢和材料、机械打交道，爱好动手操作的工作，乐于使用各种工具和设备，关注各种自然原理，务实、严谨。我还情绪稳定、有耐性、坦诚直率，宁愿行动不喜多言，喜欢在讲求实际、需要动手的环境中从事明确固定的工作，依既定的规则一步步地制造完成有实际用途的产品。对机械与工具等事务较有兴趣，生活上亦以实用为重，对眼前的事注重对未来的想象，比较喜欢独自做事。另外我还讨厌夸夸其谈；喜欢身体力行，事必躬亲；做事有特定的目标和方向；愿意承担一定的责任。我不喜欢与人周旋，性格直爽，待人真诚、实在，不好个人表现；务实、节俭，注重方法和效益。

（1）我适宜的工作环境可能是：生产性部门，注重质量、实效、制度约束，任务取向性管理，时间性强，人际关系要求不高。

（2）喜欢的职业领域：机械、电子、土木建筑、农业等。

2. 个人性格

（1）基本描述

友善、负责、认真、忠于职守。只要我认为应该做的事，不管有多少麻烦都要去做，但却厌烦去做我认为毫无意义的事情。

务实、实事求是，追求具体和明确的事情，喜欢依据实际情况来考虑问题。善于单独思考、收集和考察丰富的外在信息，不喜欢逻辑的思考和理论的应用。对细节有很强的记忆力，如声音的音色和面部表情。

与人交往时较为敏感，谦逊而少言，善良、有同情心，喜欢关心他人并提供实际的帮助，对朋友忠实友好，有奉献精神。虽然在很多情况下有很强烈的情绪反应，但通常不愿意将个人情绪表现出来。

做事有很强的原则性，尊重约定，维护传统。工作时严谨而有条理，愿意承担责任，能够依据明晰的评估和收集的信息来做决定，充分展现自己客观的判断力和敏锐的洞察力。

他人能随时体会到我的善良和体贴，但不太了解我，因为我总是做得含蓄而复杂。事实上我非常重感情，忠于自我价值观，有强烈的愿望为大家作贡献。有时候我也很紧张和敏感，但不表现出来；我倾向于拥有小范围的深厚而久远的友谊。

（2）可能的盲点

我的完美和固执使我易走极端。一旦决定后，拒绝改变，并抵制那些与我的价值观相冲突的想法，以致于变得没有远见。

3.职业生涯规划自我分析

我专注追求一个理想，不会听取别人的客观意见，因为自己的地位是不容置疑的。

我需要留意周围的情况，并学会运用已被证实的信息，这样可以帮助我更好地在现实世界中发挥我的创造性思维。

我敏感，非常关注个人的感受和他人的反应，对任何批评都很介意，甚至会视为人身攻击。对我来讲，我需要客观地认识自己和周围的人际关系，更好地促进事情向正面转化。

我过分关注细节和眼前之事，容易忽略事情的全局和发展变化趋势，难以预见存在的其他可能性。

第六篇

自主创业

本来事业并无大小；大事小做，大事变成小事；小事大做，则小事变成大事。

——陶行知

有很多耳熟能详的名字：比尔·盖茨、李嘉诚、马云、刘强东……他们都是创业者中的佼佼者，他们都创造了大量的财富。然而创业的道路永远都不可能是一帆风顺的，在光鲜亮丽的背后，创业者们都付出了较常人更多的汗水和心血。

创新是一个永恒的话题。"问渠那得清如许，为有源头活水来"，创新是保持一个企业乃至国家活力的根本，创新也是创业最宝贵的财富和最稀缺的资源。

主题一　夯实职业能力

【活动导入】

调查你的亲戚或者身边的人所从事的职业都需要具备哪些职业能力，填写下列表格。如记者需要速记能力、观察能力、文字语言能力、写作能力等。

职业	职业能力					
	1	2	3	4	5	6

【知识要点】

一、职业能力

职业能力是人们从事其职业的多种能力的综合。拥有良好的职业能力对我们的职业生涯至关重要。

能力有很多种，但是什么样的能力可以作为职业能力呢？从上面的表格中，我们可以看出，不同的职业需要的能力有的相同，有的不同，大家可以思考一下，为什么会这样？

1. 任职资格

当我们选择了一个具体的职业的时候，我们应当具备与这个职业相适应的能力，比如医生要会看病，厨师要会炒菜，这些能力是不相同的。这种为了胜任一种具体职业而必须要具备的能力，具体表现为任职资格。

2. 职业素质

每一种职业都有其社会性，要面对很多纷繁复杂的社会关系，要处理很多与业务相关的事情，因此我们还应具备步入职场之后所应有的职业素质。

3. 职业生涯管理能力

一份工作并不是我们的终点，职业贯穿了我们人生的始终，是我们完善自我、贡献社会的途径和手段，因此我们还应当具备职业生涯管理能力。

二、职业能力的分类

职业能力有很多种，一般来说，我们将职业能力分为三种：一般职业能力、专业能力、职业综合能力。

1. 一般职业能力

一般职业能力主要是指一般的学习能力、文字和语言运用能力、数学运用能力、空间判断能力、形体知觉能力、颜色分辨能力、手的灵巧度、手眼协调能力等。此外，任何岗位的工作都需要与人打交道，因此，人际交往能力、团队协作能力、对环境的适应能力，以及遇到挫折时良好的心理承受能力都是我们在职业活动中不可缺少的能力。

2. 专业能力

专业能力主要是指从事某一职业的专业能力。在求职过程中，招聘方最关注的就是求职者是否具备胜任岗位工作的专业能力。例如，你去应聘教学工作岗位，对方最看重你是否具备最基本的教学能力。

3. 职业综合能力

这里主要介绍国际上普遍注重培养的"关键能力"，主要包括四个方面。

（1）跨职业的专业能力

从以下三方面可以体现出一个人跨职业的专业能力：一是运用数学和测量方法的能力；二是计算机应用能力；三是运用外语解决技术问题和进行交流的能力。

（2）方法能力

一是信息收集和筛选能力；二是掌握制订工作计划、独立决策和实施的能力；三是具备准确的自我评价能力和接受他人评价的承受力，并能够从成败经历中有效地吸取经验教训的能力。

（3）社会能力

社会能力主要是指一个人的团队协作能力、人际交往和沟通的能力。在工作中能够协同他人共同完成工作，对他人公正宽容，具有准确裁定事物的判断力和自律能力等，这是胜任工作和在工作中开拓进取的重要条件。

（4）个人能力

随着中国经济体制改革的深入和法制的不断健全完善，人的社会责任心和诚信将越来越被重视，假冒伪劣将越来越无藏身之地，一个人的职业道德会越来越受到全社会的尊重和赞赏。爱岗敬业、工作负责、注重细节的职业人格会得到全社会的肯定和推崇。

常见的职业能力类型见下表。

职业能力类型

职业能力类型	特点	适宜的职业类型
操作型职业能力	以操作能力为主，是运用专业知识或经验，掌握特定技术或工艺，并形成相应的职业技能与技巧的能力	打字、驾驶汽车、种植、操作机床、控制仪表等
艺术型职业能力	以想象力为核心，是运用艺术手段来再现现实生活和塑造某种艺术形象的能力	写作、绘画、演艺、美工等
教育型职业能力	是运用各种教育手段传授知识和思想或组织受教育者进行知识与态度学习的能力	教育、宣传、思想政治工作等
科研型职业能力	以创造性思维为核心，是通过实验研究、社会调查和资料检索等手段进行新的综合、发明与发现的能力	研究、技术革新与发明、理论研究等
服务型职业能力	以敏锐的社会知觉能力和人际关系的协调能力为主，是借助人际交往或直接沟通使顾客获得心理满足的能力	商业、旅游业、服务业等
经营型或管理型职业能力	以决策能力为核心，是能够广泛地获得信息，并以此独立地做出应变、决策或形成谋略的能力	经理、厂长等管理领域及各行业负责人
社交型职业能力	以人际关系协调能力为核心，是指深谙人情世故，能够掌握人际吸引规律，善于周转、协调，并能够使对方通力合作的能力	联络、洽谈、调解、采购等
语言表达能力	指对词语的理解和适应能力，对词语、句子、段落、篇章的理解能力，以及善于清楚而准确地表达自己的观点的能力	教师、营业员、服务员、护士等

续　表

职业能力类型	特点	适宜的职业类型
算术能力	指迅速而准确地运算的能力	会计、出纳、统计、建筑师、药剂师等
空间判断能力	指能看懂几何图形、识别物体，辨认空间中的几何关系、解决几何问题的能力	医生、裁缝、电工、木工、无线电修理工、机床工等
形态知觉能力	指对物体或图像的有关细节的知觉能力，如对于图形的阴暗、线的宽度和长度做出视觉的区别和比较，能看出细微的差异	生物学家、建筑师、测量员、制图员、农业技术员、动植物、技术员、兽医、药剂师、画家等
处理事务能力	指对文字或表格式材料细节的知觉能力，发现错字或正确地校对数字的能力	设计人员、出纳、会计、文秘等
动作协调能力	指迅速准确和协调地做出精确的动作及运动反应的能力	驾驶员、飞行员、运动员、舞蹈家等
手指灵巧度	指手指迅速准确和协调地操作小物体的能力	外科医生、雕刻家、画家、纺织工等
手腕灵活度	指手灵巧而迅速活动的能力	运动员、舞蹈家、画家等

•◆ 不断学习，提升自己 ◆•

在西门子公司的车间里，有一位从农村来的小伙子在车间里做一些杂活。他平时不爱说话，只是埋头干活。他总是在一些生产设备前看个不停，一会儿动动这，一会儿摸摸那，即使说话，也是问一些生产的问题，有时还饶有兴趣地和工人讨论一些有关生产的问题。他的行为起初遭到了同事的嘲笑和不屑，但是两个月后的一天，车间的一台机器出现了问题，技术师忙了半天也没修好，而小伙子过来一会儿工夫，机器居然运转了！这让所有人大吃一惊。原来小伙子在这两个月内学习了产品生产的全过程，并且对机器的把握和操作也非常熟练了。主管对他的学习精神非常欣赏，很快将他提升为车间里的负责人。然而他并不满足，依然像原来一样，抓住一切机会，学习其他知识，每个月自费到总部参加培训。如此半年之后，这个其貌不扬的小伙子成了公司生产制造部的主管，两年后又被提升为经理，深得总裁信赖。正是较强的学习能力才使这一个原本平庸无奇的人，从一个小员工成为一个公司的部门经理。

案例评析：

这个案例充分说明了拥有良好的职业能力会对我们的职业生涯产生巨大的作用。在案例中，这位小伙子拥有很强的学习能力，通过学习掌握了更高的技能，并获得了成功。学习能力是一种非常重要的职业能力。现在的职业教育提倡终身学习。

三、提升个人的职业能力

1. 了解自己的职业能力倾向

> **名言：**
> 多数人都拥有自己不了解的能力和机会，都有可能做到未曾梦想的事情。
> ——戴尔·卡耐基

要提升自己的职业能力，首先就要了解自己的职业能力倾向。

职业能力倾向是指某人在某种职业上存在一定的潜力，倾向于某个职业。每个人都有一定的职业能力倾向，通过职业能力倾向测试可以发现自己的潜在才能，预测个体在将来的学习和工作中可能达到的成功程度，帮助求职者选择适合自己的职业。

职业能力倾向可以通过以下测试确定：

本测验把人的职业能力倾向分为9种，每种能力由5个题目反映。测验时，请仔细阅读题目，采用"五等评分法"进行自我评定，然后分别计算出自评等级。职业能力倾向测验表见下表。

职业能力倾向测验表

（一）一般学习能力倾向（G）	强 1	较强 2	一般 3	较弱 4	弱 5
1.快速而容易地学习新内容					
2.快速而正确地解数学题					
3.你的学习成绩					
4.对课文的字、词语、段落、篇章的理解、分析和综合能力					
5.对学习过的知识的记忆能力					
（二）语言能力倾向（V）	强 1	较强 2	一般 3	较弱 4	弱 5
1.善于表达自己的观点					
2.阅读速度和理解能力					

（二）语言能力倾向（V）	强 1	较强 2	一般 3	较弱 4	弱 5
3.掌握词汇量的程度					
4.你的语文成绩					
5.你的文学创作能力					
（三）算术能力倾向（N）	强 1	较强 2	一般 3	较弱 4	弱 5
1.做出精确的测量					
2.笔算能力					
3.口算能力					
4.打算盘					
5.你的数学成绩					
（四）空间判断能力倾向（S）	强 1	较强 2	一般 3	较弱 4	弱 5
1.解答立体几何方面的习题					
2.画二维度的立体圆形					
3.看几何图形的立体感					
4.想象盒子展开后的平面图					
5.想象三维度的物体形状					
（五）形态知觉能力倾向（P）	强 1	较强 2	一般 3	较弱 4	弱 5
1.发现相同图形中的细微差别					
2.识别物体的形状差异					
3.注意物体的细节部分					
4.观察物体的图案是否正确					
5.对物体的细微描述					
（六）书写知觉能力倾向（Q）	强 1	较强 2	一般 3	较弱 4	弱 5
1.快速而准地抄写资料（如姓名、日期、电话号码等）					
2.发现错别字					
3.发现计算错误					

（六）书写知觉能力倾向（Q）	强1	较强2	一般3	较弱4	弱5
4.能很快查找编码卡片					
5.自我控制能力（如较长时间抄写资料）					
（七）眼手运动协调能力倾向（K）	强1	较强2	一般3	较弱4	弱5
1.玩电子游戏					
2.打篮球、排球，踢足球一类的活动					
3.打乒乓球、羽毛球一类的运动					
4.打算盘能力					
5.打字能力					
（八）手指灵巧度（F）	强1	较强2	一般3	较弱4	弱5
1.灵巧地使用很小的工具					
2.穿针眼、编制等使用手指的活动					
3.用手指做一件小工艺品					
4.使用计算器的灵巧程度					
5.弹琴					
（九）手腕灵巧度（M）	强1	较强2	一般3	较弱4	弱5
1.用手把东西分类					
2.在推拉东西时手的灵活度					
3.很快地削水果					
4.灵活地使用手工工具					
5.在绘画、雕刻等手工活动中的灵活性					

统计分数的方法如下：

（1）对每一类能力倾向计算总分数。对每一道题目，我们分为"强""较强""一般""较弱""弱"5个等级，供您自评。每组5道题完成后，分别统计各等级选择的次数总和，然后用下面的公式计算出该类的总计次数（把"强"定为第一项，以此类推，"弱"定为第五项；第一项之和就是选"强"的次数和）。总计次数：

（第一项之和×1）+（第二项之和×2）+（第三项之和×3）+（第四项之和×4）+（第五项之和×5）

（2）计算每一类能力倾向的自评等级。自评等级：

总计次数／5

（3）将自评等级填在下表中。

自评等级表

职业能力倾向	自评等级	职业能力倾向	自评等级
G		Q	
V		K	
N		F	
S		M	
P			

根据结果对照下表，可找到你适合的职业。

职业类型与职业能力倾向对应表

职业类型	职业能力倾向								
	G	V	N	S	P	Q	K	F	M
生物学家	1	1	1	2	2	3	3	2	3
建筑师	1	1	1	1	2	3	3	3	3
测量员	2	2	2	2	2	3	3	3	3
测量辅导员	4	4	4	4	4	4	3	4	3
制图员	2	3	2	2	2	3	2	2	3
建筑和工程技术员	2	2	2	2	2	3	3	3	3
建筑和工程技术专家	2	3	3	3	3	3	3	3	3
物理科学技术专家	2	2	2	2	3	3	3	3	3
物理科学技术员	2	3	3	3	2	3	3	3	3
农业、生物、动物、植物学的技术专家	2	2	2	2	3	3	3	3	3
农业、生物、动物、植物学的技术员	2	3	3	3	2	3	3	3	3
数学家和统计学家	1	1	1	3	3	2	4	4	4
系统分析和计算机程序编制者	2	2	2	2	3	3	4	4	4
经济学家	1	1	1	4	4	2	4	4	4

续 表

职业类型	职业能力倾向								
	G	V	N	S	P	Q	K	F	M
社会学家、人类学者	1	1	2	2	2	3	4	4	4
心理学家	1	1	3	4	4	3	4	4	4
历史学家	1	1	4	3	3	3	4	4	4
哲学家	1	1	3	2	2	3	4	4	4
政治学家	1	1	3	4	3	3	4	4	4
政治经济学家	2	2	2	3	3	3	3	3	5
社会工作者	2	2	3	4	4	3	4	4	4
社会服务助理人员	3	3	3	4	4	3	4	4	4
法官	1	1	3	4	3	3	4	4	4
律师	1	1	3	4	3	4	4	4	4
公证人	2	2	3	4	4	3	4	4	4
图书管理学专家	2	2	3	3	4	2	3	4	4
图书馆、博物馆和档案管理员	3	3	3	2	2	4	3	2	3
职业指导者	2	2	3	4	3	3	4	4	4
大学教师	1	1	3	3	2	3	4	4	4
中学教师	2	2	3	4	3	3	4	4	4
小学和幼儿园教师	2	2	3	3	3	3	3	3	3
职业学校教师（职业课）	2	2	3	3	3	3	3	3	3
职业学校教师（普通课）	2	2	3	4	3	3	4	4	4
内、外、牙科医生	1	1	2	1	2	3	2	2	2
兽医学家	1	1	2	1	2	3	2	2	2
护士	2	2	3	3	3	3	3	3	3
护士助手	2	4	4	4	4	2	2	3	2
工业药剂师	2	1	2	2	2	2	3	2	3
医院药剂师	2	2	2	4	9	2	3	2	3
营养学家	2	2	2	3	3	3	4	4	4
配镜师（医）	2	2	2	2	2	3	3	3	3
配眼镜商	3	3	3	3	3	4	3	2	3
放射科技术人员	3	3	3	3	3	3	3	3	3

续　表

职业类型	职业能力倾向								
	G	V	N	S	P	Q	K	F	M
药物实验室技术专家	2	2	2	3	2	3	3	2	3
药物实验室技术员	2	3	3	3	3	3	3	3	3
画家、雕刻家	2	3	4	2	2	5	2	1	2
产品设计和内部装饰者	2	2	3	2	2	4	2	2	3
舞蹈家	2	2	4	3	4	4	4	4	4
演员	2	2	3	4	4	3	4	4	4
电台播音员	2	2	3	2	2	4	2	2	3
作家和编辑	2	1	3	3	3	3	4	4	4
翻译人员	2	1	4	4	4	3	4	4	4
体育教练	2	2	2	4	4	3	4	4	4
运动员	3	3	4	2	3	4	2	2	2
秘书	3	3	3	4	3	2	3	3	3
打字员	3	3	4	4	3	3	3	3	3
会计	3	3	3	4	2	2	3	3	4
出纳	3	3	3	4	2	2	3	3	4
统计员	3	3	2	4	3	2	3	3	4
电话接线员	3	3	4	4	4	3	3	3	3
办公室职员	3	4	3	4	4	3	3	4	4
商业经营管理	2	2	3	4	4	3	4	4	4
售货员	3	3	3	4	4	4	4	4	4
警察	3	3	3	4	3	3	3	4	3
门卫	4	4	5	4	4	4	4	4	4
厨师	4	4	4	4	3	4	3	3	3
招待员	3	3	4	4	4	4	3	4	3
理发员	3	3	4	4	9	4	2	2	2
导游	3	3	4	3	3	5	3	3	3
驾驶员	3	3	3	3	3	3	3	4	3
农民	3	4	4	4	4	4	4	4	4

续　表

职业类型	职业能力倾向								
	G	V	N	S	P	Q	K	F	M
动物饲养员	3	4	4	4	4	4	4	4	4
渔民	4	4	4	4	4	5	3	4	3
矿工	3	4	4	3	4	5	3	4	3
纺织工人	4	4	4	4	3	5	3	3	3
机床操作工	3	4	4	3	3	4	3	4	3
锻工	3	4	4	3	3	4	3	4	3
无线电修理工	3	3	3	3	2	4	3	3	3
细木工	3	3	3	3	3	4	3	4	4
家具木工	3	3	3	3	3	4	3	4	4
一般木工	3	4	4	3	4	4	3	4	3
电工	3	3	3	3	3	4	3	3	3
裁缝	3	3	4	3	3	4	3	2	3

2. 明确自己所要提升的职业能力

提升能力不是盲目的，而是要在了解自己的能力倾向和制订职业规划后，有目标地去实践和锻炼，才能在最短的时间内提升个人职业能力，在工作中脱颖而出。

因此，我们要了解各个行业所需要的职业能力，和自身具有的能力进行比较，制订提升目标。

3. 培养所需的能力

学校学习是培养我们所需职业能力最有效的途径。通过学习，我们能够掌握职业所需的知识技能，锻炼我们的学习能力和语言表达能力。和同学交往可以锻炼我们的交往能力等。

4. 认真对待实习

在临近毕业的时候，学校会安排同学们进行实习。实习能够较好地将所学专业理论知识与实践相结合，检阅、修正和巩固已有的专业知识和理论体系知识，训练和提高专业技能，并强化专业思维和职业理论修养。因此，我们要认真对待实习，快速提高自己的职业能力。

5. 在职业生涯中不断提升

专业实践是应用型人才培养的基本途径和有机组成部分。专业实践活动除了有助于培养学生的专业基本能力之外，对职业能力的培养集中表现为自我学习和发展、独立分析和解决问题、组织和协调，以及判断与决策能力的培养。这样的实践活动很好地训练了学生的自我学习能力、独立分析和解决问题的能力，以及判断和决策能力。

【探索活动】

活动一：寻找我缺少哪些职业能力

我缺少职业能力（1）_____，我应该_____。

我缺少职业能力（2）_____，我应该_____。

活动二：制订培养职业能力的计划表

培养职业能力的计划表

完成时间	名称	目的	具体方法	是否完成
今年7月前	水粉画	达到80分以上	每两天完成一幅画	

主题 二 创业成功的条件

【活动导入】

请优秀毕业生来校做关于自己创业经历的演讲，并进行讨论。

【知识要点】

一、什么是创业

创业是创业者对自己拥有的资源或通过努力对能够拥有的资源进行优化整合，从而创造出更大的经济或社会价值的过程。创业是一种劳动方式，是一种需要创业者经营、组织、运用服务、技术、器物作业的思考、推理和判断的行为。

创业者是指发现某种信息、资源、机会或掌握某种技术，利用或借用相应的平台或载体，将其发现的信息、资源、机会或掌握的技术，以一定的方式，转化、创造成更多的财富、价值，并实现某种追求或目标的过程的人。

人们通常把创业分为3个层次：一是开创新的职业。这是最高层次的创业，社会上的各行各业都是从无到有，从小到大，由人开创出来的，诸如搬家公司、月嫂等。二是创建就业岗位。诸如几个人组织起来办一个商店、饭店，自筹资金买车跑运输，即使个人在街上建个小书亭，开个服装店，也算自己创建了就业岗位。三是创造辉煌业绩。创造辉煌业绩即在本职工作岗位上不断拼搏奋斗，在某些方面有一定突破，做出成绩，为社会做出贡献并使自己成才。

二、创业成功的前期准备

"工欲善其事，必先利其器。"要做好一件事，准备工作非常重要。同样，在创业之前，我们应当做好一些前期准备工作。

（一）了解聋生适合的创业方式和方向

1. 手工

随着机器生产大量取代了人们的手工劳动，那些原本与人们生活息息相关的传统手工艺在都市里渐渐难觅影踪，随之而来的是人们对手工制品的追求。从事手工工作与他人交流较少，而且听障人士特有的艺术欣赏角度和不受外界打扰的特性非常适合手工创业。

（1）布艺。布艺指以布为主料，经过艺术加工，达到一定的艺术效果，满足人们的生活需求的制品。布艺的用途很多，如桌布、窗帘、挂袋、地垫、布艺沙发、装饰等。布艺以制作方法分为刺绣、贴花、挑花、缝纫等。布艺作品如下图所示。

手工布艺作品

（2）编织。编织指将植物的枝条、叶、茎、皮等加工后，用手工进行编织的工艺。编织是一种古老的手工艺，现在关于编织的种类很多，如织毛衣、编织挂毯、编手链、编中国结等，都十分受大众喜爱。编织作品如下图所示。

编织作品

（3）雕刻。雕刻是雕、刻、塑3种创制方法的总称，指用各种可塑材料（如石膏、树脂、黏土等）或可雕、可刻的硬质材料（如木材、石头、金属、玉块、玛瑙等），创造出具有一定空间的可视、可触的艺术形象，借以反映社会生活，表达艺术家的审美感受、审美情感、审美理想的艺术。

雕刻按所采用的原料来分类，可分为牙雕、玉雕、木雕、石雕、泥雕、面雕、竹刻、骨刻、刻砚、食雕等。雕刻是目前十分受欢迎的一种艺术。雕刻作品如下图所示。

雕刻作品

（4）陶艺。陶艺是陶瓷艺术的简称。陶瓷艺术在中国发源年代久远，样貌繁多。直至今日，陶瓷仍是人们喜爱的工艺品。目前，陶艺分为传统陶艺和以个人艺术创作为特点的现代陶艺两大部分。陶艺作品如下图所示。

陶艺作品

除此之外，手工还有很多种类，如纸艺、黏土工艺、金属工艺、羊毛毡、手工饰品、皮革制作、手工护肤品等等，都是现在较为流行的手工艺。只要有好的创意和灵巧的双手，就能得到好的回报。

2. 饮食

民以食为天，制作饮食、开饮食店是一种很常见的创业方式。

（1）中餐。中餐即指中国风味的餐食菜肴。中餐比较适合国人口味，受众广，投资少，见效快。一般进行几个月的专业培训就可以开一个小餐馆。关于中餐的投资项目也很多。

（2）西点。西洋式的糕点，深受年轻人的喜爱。选择西点店最大的好处是可以自主选择制作种类，避免语言不通带来的麻烦。西式糕点如下图所示

西式糕点

（3）饮料店。五彩缤纷、味道众多的冷饮是现在众多年轻人的选择。冷饮店投资相对较小；追求品位的人会选择茶或咖啡，但茶店和咖啡店投资相对较大。可以将饮料和西点或中餐组合起来，降低成本。

（4）快餐店。随着现代人生活工作节奏逐渐加快，吃饭也追求时间，因此开快餐店是针对上班族非常好的一个选择。快餐店良莠不齐，因此选择一个好的项目开加盟店是非常省事的一个做法，不过前期投资较多。

3. 艺术设计

很多听障人士都选择设计作为自己的专业。听障人士独特的审美角度有时候会带来意想不到的创新，考虑艺术设计来作为自己的创业方向，也是不错的选择。

艺术设计有很多种类，平面设计、产品设计、网页设计、服装设计、影视动画设计、室内景观设计都是现代很流行，听障人士也可以胜任的艺术设计工作。

艺术设计最适合听障人士的地方在于，可以自由选择时间和地点，甚至可以足不出户，利用互联网和客户沟通。如果在设计领域有了一定的影响，以后回报也很丰厚。

4. 淘宝店和微店

2003年成立的淘宝网已经是中国最大的网购平台，近年来，以微信为平台的微店也在悄然兴起。淘宝店和微店的共同点是以互联网为平台，通过聊天软件与客户沟通，通过电子银行和物流的形式进行商品交易，但淘宝店比微店安全性要高。淘宝店和微店不用直接与人交流的形式十分适合听障人士。目前，有相当多的听障人士选择以此创业。

（二）了解残疾人创业的优惠政策

（1）残疾人的收入所得经批准可以减征个人所得税（注意：是减征不是免征，要经过当地地方税务局审批）。（《中华人民共和国个人所得税法》第五条规定）

（2）对安置残疾人的单位，实行由税务机关按单位实际安置残疾人的人数，限额即征即退增值税或减征营业税的办法。（财税〔2007〕92号）

（3）单位支付给残疾人的实际工资可在企业所得税前据实扣除，并可按支付给残疾人实际工资的100%加计扣除。（财税〔2007〕92号）

（4）国家对从事个体经营的残疾人，免除行政事业性收费。（《中华人民共和国残疾人保障法》第三十六条）

（5）国家鼓励扶持残疾人自主择业、自主创业。对残疾人从事个体经营的，应当依法给予税收优惠，有关部门应当在经营场地等方面给予照顾，并按照规定免收管理类、登记类和证照类的行政事业性收费。国家对自主择业、自主创业的残疾人在一定期限内给予小额信贷等扶持。（《残疾人就业条例》第十九条）

（三）与创业相关的资讯

创业不是一蹴而就的事情，他人的成功也往往无法复制。想要创业成功，首先应当收集相关的资讯，不打无把握之仗。那么，我们去哪里寻找适合自己的创业资讯呢？

1. 新闻

新闻平台，尤其是《新闻联播》节目，常常是国家政策方针的主流播报阵地，而国家的政策方针又影响着千家万户的生活。顺应国家的号召往往能更快地发现商机。

2. 残联

残疾人联合会（以下简称残联）是国家法律确认、国务院批准的由残疾人及其亲友和残疾人工作者组成的人民团体，是全国各类残疾人的统一组织。残联的主要职能是综合协调残疾人事业方针、政策、法规、计划的制订与实施工作；协调解决残疾人工作中遇到的重大问题；指导本地区人民政府残疾人工作委员会工作；组织协调中国残联和国际残疾人组织在本地区的重大活动；接受国务院残疾人工作委员会的指导并贯彻落实相关工作部署。

为帮助残疾人就业，残联经常会进行一些残疾人的就业和创业指导活动，帮助残疾人创业。经常关注本地区的残联，在创业方面会得到很多的帮助。

3. 创业网站

现在有很多创业网站，里面有很多关于创业的资讯，不过在寻找资讯的过程中要仔细甄别资讯的真假。当然，也有很多残疾人创业的网站，比如残疾人创业网不但有很多创业资讯、残疾人创业的事例，还有很多志同道合的残疾人，可以组成各种互助小组，共同创业。

三、创业所需的自身条件

1. 创业所需的心理素质

可以说，创业所需要的心理素质是整个创业过程中至关重要的部分。创业初期往往都十分艰辛，即使创业已步入正轨，也有各种矛盾和诱惑。没有良好的心理素质是无法坚持到最后的。下一节，我们将着重学习创业需要哪些心理素质。

2. 自身职业素质

无论是创业还是就业，都需要有良好的职业素质。有关职业素质的内容我们在前面已经讲过了，在创业过程中，我们要不断审视自己，检验自己缺少哪些职业素质，并对其补足。

创业者应具有的职业素质如下图所示。

人事管理能力 创新能力

组织协调能力 分析决策能力

社交能力 **创业者应具有的职业素质** 预见能力

激励能力 应变能力

创业者应具有的职业素质

3. 创新精神

创业重在一个"创"字，要想创业成功，必须有敏锐的眼光去发现别人没有发现的商机。模仿他人很容易，但也只能做别人的影子。

4. 良好的身体素质

所谓身体素质是指身体健康、体力充沛、精力旺盛、思路敏捷。现代小企业的创业与经营是艰苦而复杂的，创业者工作繁忙、时间长、压力大，如果身体不好，必然力不从心，难以承担创业重任。

5. 经验

这里的经验分为两种：一种是对所在行业经营的经验，一种是管理者的经验。

只有对整个行业了如指掌，熟悉产品的制作、销售、流通，了解今后的产品变化趋势，才有底气创业。

创业与就业相比，层次不同，视野不同，思考和做事的方式也不同，从打工者成为老板，角色的转换会让人不适，从而让人感到茫然。创业者最好不要从一个普通的工作人员直接跳到创业的状态，要有一个过程，如做经理、副总经理一段时间，这样更有助于创业。

四、创业所需的外部条件

1. 行业潜力

创业之前，选择行业是十分关键的。每个人擅长的地方不同，所适合的行业也不同，入行之前一定要认真选择，看准行业的潜力，不要盲目、急躁。

在考察行业潜力时，要特别关注产品资源、市场资源，是否有好的项目、好的人脉等。

2. 团队

古语有云："单丝不成线，孤木不成林。"在强调团队合作的今天，创业者想靠单打独斗获得成功的概率微乎其微。团队精神已成为不可或缺的创业素质，风险投资商在投资时更看重有合作能力的创业团队。因此，对打算创业者来说，强强合作，取长补短，创建一个有凝聚力的团队，要比单枪匹马创业更容易接近成功。

3. 人脉

有些门槛是需要别人帮助才能跨过去的，特别是在创业的时候，没人帮忙的话会走很多弯路，有人脉就可以帮我们节省很多时间。据统计，创业成功主要依赖于：人脉资源（36.7%）、创业经历（31.2%）、行业潜力（27.9%）以及合作伙伴（21.8%），如下图所示。

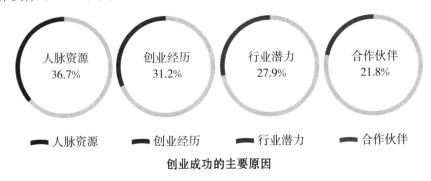

创业成功的主要原因

4. 企业文化

创办企业必须着力构建自己的企业文化，这是由企业文化本身对企业的作用力所决定的。其实企业文化就是经营者为了实现其经营意志，着力塑造并在经营活动中体现的企业本质特征。企业文化对企业的作用是很重要的。创业一开始，创业者就必须依照自己的管理思想或管理创意来组建一个目标一致的团队。如果申请创业投资，投资人除了看好你的项目，更看好你有没有自己的经营理念。

5. 资金

只有有了足够的创业资金，创业者才能将自己的平台搭建起来，创业才能起步。资金来源有以下几种。

（1）自有资金

自有资金主要是自身的存款。一般工作几年的人或多或少都有点存款，这部分钱是自己创业的基本基金。

（2）股权融资

股权融资是指创业者或中小企业让出企业一部分股权获取投资者的资金，让投资者占股份，成为股东，而不是借贷，是带有一定风险的投资性质的融资，是投融资双方利益共享、风险共担的融资方式。对于不具备银行融资和资本市场融资条件的中小企业而言，这种融资方式不仅便捷，而且可操作性强，是创业者与中小企业实现融资的渠道。

（3）债权融资

债权融资是指创业者或中小企业采用向银行等金融机构贷款或者向非金融机构（民间借贷）借款的形式进行融资，在一定期限后当事人必须偿还本金并支付利息。向金融机构贷款需要具备抵押、信用、质押担保等某一条件，民间借贷更多的是依靠信用和第三方担保的形式。

（4）政策性贷款

政策性贷款是指政府部门为了支持某一群体创业出台的小额贷款政策（如下岗失业人员小额贷款政策），同时也包括支持中小企业的发展建立的许多基金，如中小企业发展基金、创新基金等。这些政策性贷款的特点是利息低，微利行业政策贴息，甚至免利息，偿还的期限长，甚至不用偿还。但是要获得这些基金必须符合一定的政策条件。

（5）金融租赁

金融租赁是指出租人根据承租人选定的租赁设备和供应厂商，以对承租人提供资金融通为目的而购买该设备，承租人通过与出租人签订融资租赁合同，以支付租金为代价，而获得该设备的长期使用权。对承租人而言，采用融资租赁方式，通过融物的方式实现了融资的目的。

·◆· 创业者最怕犯的10大错误 ◆·

Tarek Kamil是一位连续创业者。他自己曾创办过很多公司，也曾为很多创业公司提供创业咨询和指导。根据多年的创业经验，他总结了创业者最容易，也最害怕犯的10大错误。

一、侥幸心态

创业者堵投资人的门、向投资人群发 E-mail，认为投资人看到邮件就会投资。其实没有这么简单，投资人每天要看数以百计的商业计划书，然后再筛选并做深入调查，不可能让你"侥幸"获胜。

二、拍脑子想点子

不要认为拍脑子想出的点子就会拿到投资，好点子不值钱。

三、想问题没有深度

创业者很浮躁，有个点子，马上就写商业计划书、找投资，但见了面，几个问题下来，创业者就被问倒了。

四、堆叠商业模式

有的创业者喜欢把一系列的"流行商业模式元素"做堆叠，但事实上这让投资人很倒胃口。

五、伪需求

创业者喜欢把周边人群的需求放大。例如，"我老婆有这个需求，我朋友有这个需求"，这些需求是伪需求，不是创业者从真正的用户那里问来的。

六、过分偏执

极个别创业者为得到投资，以"我得了绝症，你不来看我，我就不活了"这样的偏执话语威胁投资人。这样的情况，就算投资人来见你，但最终还是要看项目。

七、低估难度

创业难，难于上青天。今天即使你得到李开复的投资，进入创新工场孵化，要想成为腾讯、阿里巴巴那样的企业的概率还不到千分之一。

八、故作神秘

创业者把"点子"当作商业机密，与投资人谈条件："先给钱再说点子。"要知道，创业者是靠执行获胜，不是靠秘密的点子。

九、不诚信

创业者"盗窃"他人项目的知识产权。

十、没重点

"描述不清晰，讲话没重点。"投资人希望创业者能用一句话概述："项目情况、用户、市场和团队特色。"不要浪费彼此的时间。

主题 三　创业需要的心理素质

【活动导入】

随着市场的逐步开放和国家政策的大力支持，近年来创业的人越来越多，甚至有人声称中国已经进入了"草根创业"的时代。但是殊不知，创业者云集的背后，却有大量的中小企业在倒闭，尤其是在当今经济危机期间。在这种严峻的环境下，创业者的心理素质成了创业者创业成败的一个关键点，那么创业者需要具备哪些心理素质呢？

1. 讨论

分小组讨论，然后每组选出一个人来说说创业需要什么样的心理素质，并说出原因，看哪组说得最多。

2. 调查

通过上网，搜索创业需要的心理素质，并进行汇总。

【知识要点】

一、明确自我价值观

明确自我价值观是一切的基础，如何明确自我价值观呢？可以静心整理一下自己的人生经历，对自己的人生做一个回顾，再展望一下未来，也就是明确理想的自我形象和理想的生活，通过这些工作来明确自我价值观。

如果不遵循自己的价值观，即使创业取巧成功，也很难持久。因为违背自己内心的事情，最终都会无形压力，不会让自己觉得愉快，自己无法坚持。

二、拥有勇气

失败是成功之母，在创业过程中失败是在所难免的，只有在经历了不断跌倒，不断爬起的跌跌撞撞的旅途才能走向成功的彼岸。所以创业一定要有勇气，只有拥有足够勇气的人才能更好地直面困境、走出困境。

三、充满自信

大诗人李白曾经说过："天生我材必有用，千金散尽还复来！"创业是一项艰难的事情，只有不断地发挥自己的主观能动性才能获得成功。自信是创业的动力，也是智慧之花的源泉。自信不仅体现为对于自我价值的一种肯定，更要求创业者要对自己的选择有信心。

四、拥有抗压能力

创业需要面对的压力远比作为一个职员面对的压力大得多，如果没有过硬的抗压能力是无法坚持到成功的，有很多成功的创业者最后败给了压力。当我们遇到压力时，可以选择解决问题，消除压力，也可以学习减轻压力。

五、独立思考

创业有时候固然能群策群力，但作为一个创业者，往往也是一个团队的决策者，有时候更需要有独立思考的能力，面对事情冷静分析，不盲从。

六、勇于承担

无论是不是创业者，我们都要有勇于承担的良好品质，面对事情不要逃避，面对失败不要推脱责任，哪怕全部失败了大不了从新来过，但如果不愿承担，别人就不会相信你，那么你将无法成事。

七、要有毅力

创业一定会遇到很多困难，有时候我们不乏勇气，但却会在不断的打击中消磨掉，因此，我们还需要有毅力。

八、不断自省

创业者没有上司监管，缺乏他人的督促、指正，很容易走弯路，忽视自身弱点。因此，创业者要不断自省，并进行自我评估，根据结果自我提高。

九、保持激情

当我们一直做一件事情时，一段时间后，对于这件事的热情会渐渐消退，产生倦怠感，创业也会发生这种现象，这是很危险的，因此我们要对创业始终保持一种激情。

十、拥有行动力

有时候，我们之所以觉得一件事情困难，是因为我们想得太多而做得太少。其实当我们开始做一件事情的时候，我们会发现事实上它并没有想象得那么困难。创业者最重要的一个心理素质就是行动力，只有做了，才能发现不足，才能把事情做对。

【探索活动】

1. 模拟以下场景，思考你会怎么做，并进行表演。

（1）假设你已经毕业，想要创业，需要组建自己的团队。

（2）假设你想创业，但父母都不支持，别人也不理解。

（3）假设你有一家公司，但经营不善，想要扭转局面。

（4）假设你即将成立一家公司，但你的团队和你在经营理念上发生了冲突。

2. 进行辩论比赛，以"创业究竟是资金重要还是自身素质重要"为题。

主题④ 创新是创业的动力

【活动导入】

2017年5月，来自"一带一路"沿线的20国青年评选出了中国的"新四大发明"：高铁、支付宝、共享单车和网购。

请大家讨论创新能带来什么，并说出自己的看法。

【知识要点】

一、创新

1. 什么是创新

创新是以新思维新发明和新描述为特征的一种概念化的过程，它有3层含义：第一，更新；第二，创造新的东西；第三，改变。创新是人类特有的认识能力和实践能力，是人类主观能动性的高级表现形式，是推动民族进步和社会发展的不竭动力。一个民族想要走在时代前列，就一刻也不能没有新理论思维，一刻也不能停止理论创新。而在当下，人们讲创新时，主要是应用它的第二个含义，创造新的东西。

2. 为什么要创新

创新是一个人实现自己独特想法的过程。每个人都有自己独特的想法，有的人为了各种原因对这个想法置之不顾，而有的人则为之不懈努力。当一个人为之努力而实现了它的时候，那么创新会随之而来。创新是一个企业保持活力的过程。一个企业如果缺少了创新，那么它就只能是一个不断重复已有工作的制造者，终会被时代潮流淘汰。创新也是社会不断进步的过程。随着社会的不断发展，必然会有新的需求随之产生，或许是为了提高人们的生活质量，或许是为了追赶其他国家或地区的发达程度，于是我们便要不断创新，才能推动社会或急或缓地前进。

二、创新与创业的关系

（1）创新是创业的基础，没有创新，创业就像无源之水，无本之木，没有生机活力，创新的成效也只有通过创业实践来检验。如果不是以创新为前提进行创业，那么只能是创造一个没有活力，无法长久生存的企业。一个企业无论是刚刚形成还是悠久历史，只有不断地创新，才能不被社会淘汰。如果创业者缺少了创新精神，只是为了获取财富，那么他可能因为某些因素而成功创造了一个企业，但是当社会发展、社会潮流改变时，他能带领他的企业跟上时代的步伐吗？制造者只有周末的收成归守城者，小心翼翼，期盼着没有新的产品出现，代替它的产品，只有创造者才能顺应社会的变化，在一次次时代变迁中随之蜕变，终将成为叱咤一方的巨擘。

（2）创业是创新的载体和表现形式，创新研发实力是创业的根本支撑。当一种新的东西出现，经常会伴随着新的企业诞生。创新者或许将他创造的东西卖给某个已有的企业。这是一个已经存在的，拥有特定企业机制、企业文化的企业，又怎么可能和一个崭新的东西达到百分之百的契合呢？创业或许不是创新的唯一体现，但很多时候却是它的最佳体现。只有一个新型的企业，一个为了这个新的东西而出现的企业，才能让这个东西完美地呈现在市场上。

（3）创新推动创业，创业依靠创新，二者相互促进又相互制约，是密不可分的辩证统一体。当下潮流不断改变，社会不断进步，创业与创新已成为不可或缺的因素，它们相互依赖而又各有不同。创业者需要经济技术政策的支持，但最需要的还是创新者。创新者想通过出售分享自己的产品，但最理想的还是成为创业者。少了创新，创业没有意义，少了创业，创新缺少动力。只有创新与创业共存，只有不断地创新创业，才能让我们的社会更加进步，让我们的国家更加发达。

三、创新前的准备

1. 激发兴趣

兴趣是人的一种带有趋向性的心理特征。一个人当他对某种事物产生兴趣时，他就会主动地、积极地、执着地去探索。比如我们如果对某一门课感兴趣，我们就会很认真地去学习，并取得比其他不感兴趣的学科好的成绩。

要创新，就一定要对所创新的领域感兴趣。创新的过程实际就是激发兴趣的过程。当我们产生一个想法，并产生了一定兴趣之后，我们才可能带着愉快的心情，克服一切困难，执着地去分析，去比较，去实验，去研究，获得一定的成就感，从而产生更大的兴趣。

2. 夯实基础知识

扎实的基础知识是创新成果诞生的良好基点。优秀的创新成果都是饱含科技含量的。没有坚实的知识积累和深厚的知识底蕴，是不可能孕育出优良的创新产品的。

同样，每种行业都有它所必需的专业基础知识，不具备专业知识就急着去发明创新，无异于建造空中楼阁。只有成为某一领域的专家，才能通过对课题的深入理解，更好地去思考问题，设计新颖的或者创新的解决方案。

3. 培养科学的思维方式

要培养科学的学习习惯和思考习惯，通过科学的思维看待世界，形成科学严谨的态度，真正深入到一个问题的每个层次中。

四、常见的创新思维

创新思维又称创造性思维，是指发明或发现一种新方式，用于处理某件事情或表达某种事物的思维过程。

1. 发散思维

发散思维是指大脑在思维时呈现的一种扩散状态的思维模式，它表现为思维视野广阔，思维呈现出多维发散状。发散思维又称辐射思维、放射思维、扩散思维或求异思维。

发散思维如下图所示。

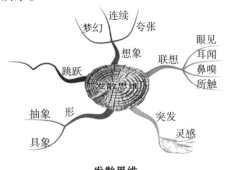

发散思维

对创新有利的发散思维具有以下特性：

（1）能够较快地生成并表达出尽可能多的思维观念。

（2）能够较快地适应、消化新的思想概念。

（3）打破旧有的思维框架。

（4）能够向尽可能多的方向或事物的不同方面发散。

（5）具有一定的独特性。

2. 聚合思维

聚合思维是从已知条件和既定目标中寻找唯一答案的一种思维方式，又称为求同思维、收敛思维、集中思维。具体来说，就是对发散思维提出的多种设想进行整理、分析，再从中选出最有可能、最经济、最有价值的设想，加以深化和完善，使之具体化、现实化，并将其余设想中的可行部分也补充进去，最终获得一个最佳方案。发散思维与聚合思维的区别见下表。

发散思维与聚合思维的区别

序号	发散思维	聚合思维
1	由问题的中心指向四面八方	从四面八方指向问题的中心
2	一种跳跃式的思维方式	一种连续性的思维方式
3	具有发散性，便于选择、求新	具有闭合性，便于挖掘、求深
4	重在疏导、变通和搞活	重在梳理、调节和控制
5	把所有可能性都设想到	对这些可能性进行比较和选择，从中找到最佳方案

3. 逆向思维

逆向思维是一种比较特殊的思维方式，它的思维取向总是与常人的思维取向相反，如人弃我取、人进我退、人动我静、人刚我柔等。这个世界上不存在绝对的逆向思维模式。当一种公认的逆向思维模式被大多数人掌握并应用时，它也就变成了正向思维模式。

逆向思维并不是主张人们在思考时违逆常规，不受限制地胡思乱想，而是训练一种小概率思维模式，即在思维活动中关注小概率可能性的思维。

逆向思维是发现问题、分析问题和解决问题的重要手段，有助于克服思维定式的局限性，是决策思维的重要方式。

4. 逻辑思维

逻辑思维是指符合某种人为制订的思维规则和思维形式的思维方式。我们所说的逻辑思维主要指遵循传统形式、逻辑规则的思维方式，常称它为"抽象思维"或"闭上眼睛的思维"。

逻辑思维是人脑的一种理性活动，思维主体把感性认识阶段获得的对于事物认识的信息、材料抽象成概念，运用概念进行判断，并按一定的逻辑关系进行推理，从而产生新的认识。逻辑思维具有规范、严密、确定和可重复的特点。逻辑思维的类型见下表。

逻辑思维的类型

类型	思维水平	定义	作用
经验型	常局限于狭隘的经验，思维水平较低	在实践活动的基础上，以实际经验为依据形成概念，进行判断推理	工人、农民常用生产经验来解决生产中的问题
理论型	逻辑上升到理论阶段，思维水平较高	以理论为依据，运用科学的概念、原理、定律、公式等进行判断推理	科学家和理论学者的思维类型

5. 灵感思维

灵感思维是一个过程，也就是灵感的产生过程，即经过大量的、艰苦的、长期的思考之后，受到某些事物的启发或在转换环境时，突然得到某种特别的创新型设想的思维方式，正可谓"踏破铁鞋无觅处，得来全不费功夫"。它不是一种简单逻辑或非逻辑思维的活动，而是逻辑与非逻辑思维相统一的理性思维过程。灵感思维的分类见下表所示。

灵感思维的分类

序号	类型	具体解释
1	自发灵感	由大量的潜意识活动而产生的灵感
2	诱发灵感	思考者根据自身的爱好、习惯等，选择某种方式主动促使灵感产生
3	触发灵感	因接触某些事物，而受其启发产生的灵感
4	迸发灵感	在超常规的、急迫的事情面前，充分保持镇静，并开动脑筋，进而产生的灵感

6. 直觉思维

直觉思维是指不经过一步一步分析而突如其来的领悟或理解。很多心理学家认为它是创造性思维活跃的一种表现，它既是发明创造的先导，也是百思不得其解之后突然获得的硕果，在创造发明的过程中具有重要的地位。物理学上的"阿基米德定律"是阿基米德在跳入浴缸的一瞬间，发现浴缸边缘溢出的水的体积跟他自己身体入水部分的体积一样大，从而悟出的著名的定律。又如，达尔文在观察到植物幼苗的顶端向太阳照射的方向弯曲的现象时，就想到了定是幼苗的顶端因含有某种物质，在光照下跑向背光一侧的缘故。但在他有生之年未能证明这是一种什么物质。后来经过许多科学家的反复研究，终于在1933年找到了这种物质——植物生长素。直觉思维的作用见下表。

直觉思维的作用

序号	作用	具体解释
1	迅速做出优化选择	直觉不需要过于复杂的分析、推理 直觉所做出的选择大多很迅速 有时能直接帮助人们从多种可能中选择出最优化的可能
2	做出创造性的预见	直觉具有预见性 直觉会帮助人们发现新事物、新现象、新问题等 经过推理，验证直觉，就能帮助人们在短时间内进行大量的创新

直觉思维和灵感思维的关系见下表。

直觉思维和灵感思维的关系

序号	区别	直觉思维	灵感思维
1	时间	在很短的时间内对问题做出迅速而直接的判断	在产生之前有一段较长的时间对课题进行艰难的探索
2	思考对象	对出现在面前的事物或问题能迅速理解，做出判断	常常出现在思考对象不在眼前，或在思考别的对象时
3	主体状态	主体意识清楚时产生	主体意识清楚时或主体意识模糊时都可以产生
4	产生原因	为了迅速解决当前的课题	在某种偶然因素的启发下顿悟问题
5	出现方式	无所谓突然，在人的意料之中	带有突发性，使人出乎意料
6	结果	对该事物做出直接的判断和抉择	与解决某一问题相联系

6. 联想思维

联想思维是指人脑记忆表象系统中，由于某种诱因导致不同表象之间产生联系的一种没有固定思维方向的自由思维活动。主要思维形式包括幻想、空想、玄想。其中，幻想，尤其是科学幻想，在人们的创新活动中具有重要的作用。

联想分为无意联想和有意联想。无意联想是在无联想意识的状态下出现的联想，没有特定的目的性。有意联想是在有联想意识的状态之下产生的联想，有创新者的目的；是将看到、听到的事物有意识地同其他事物联系起来思考，寻找共同点。

可以通过以下方法进行创新思维能力测试。

下面是10个题目，如果符合你的情况，则回答"是"，不符合则回答"否"，拿不准则回答"不确定"。

1. 你认为那些使用古怪和生僻词语的作家，纯粹是为了炫耀。

2. 无论什么问题，要让你产生兴趣，总比让别人产生兴趣要困难得多。

3. 对那些经常做没把握事情的人，你不看好他们。

4. 你常常凭直觉来判断问题的正确与错误。

5. 你善于分析问题，但不擅长对分析结果进行综合、提炼。

6. 你审美能力较强。

7. 你的兴趣在于不断提出新的建议，而不在于说服别人去接受这些建议。

8. 你喜欢那些一门心思埋头苦干的人。

9. 你不喜欢提那些显得无知的问题。

10. 你做事总是有的放矢，不盲目行事。

题号	是	不确定	否
1	−1	0	2
2	0	1	4
3	0	1	2
4	4	0	−2
5	−1	0	2
6	3	0	−1
7	2	1	0

续　表

题号	是	不确定	否
8	0	1	2
9	0	1	3
10	0	1	2

得分22分以上，说明被测试者有较高的创造性思维能力，适合从事环境较为自由，没有太多约束，对创新性有较高要求的职位，如美编、装潢设计、工程设计、软件编程人员等。

得分21~11分，则说明被测试者善于在创造性与习惯做法之间找出均衡，具有一定的创新意识，适合从事管理工作，也适合从事其他许多与人打交道的工作，如市场营销。

得分10分以下，则说明被测试者缺乏创新思维能力，属于循规蹈矩的人，做人总是有板有眼，一丝不苟，适合从事对纪律性要求较高的职位，如会计、质量监督员等职位。

五、常见的创新方法

创新是有规律可循的，人们可以经过学习和训练，使创造力获得迅速提高，创造潜能得到有效开发。

（1）利用各种方法创新，如组合法、类比法、联想法等，这都是前人通过大量的实践总结出来，对于创新行之有效的方法。

（2）要注意总结前人的经验和教训，学会借鉴和组合。将前人成功或失败的经验，予以完美结合，充分利用并使之成为自己的东西，在实践中提高创新能力和创新意识。

（3）遇到问题要注意从多方面考虑，而且要持之以恒，更要养成思考的习惯。只有这样，创新才能在不知不觉中出现。单纯地为创新而创新，创新出现的可能性也不会很大。只有从多方面考虑和解决问题，才能激发解决问题的灵感，才能创新。

（4）记创新日记。开始写日记，记录你的创新过程，跟踪你的创意。日记是反思你已完成工作并寻求其他可能解决办法的一种非常好的方式。日记可用于保存想法，以便以后可能成为未来的启示。

（5）脑图。脑图（思维导图）是将各种想法联系起来并寻求问题的创新性答案的好方法。要创建一幅脑图，首先要写下一个中心议题或者单词，然后围绕中心词连接相关的因素或者想法。虽然类似于头脑风暴，但这种方法允许有分支的想法，并提供了一种非常直观的方式——看到了这些想法是如何相互关联的。

（6）"六顶帽子"法。"六顶帽子"的方法是指从6个不同的视角来看问题。通过这样做，你就可以产生更多的想法，而不是像以往那样只从一两个视角看问题。

红帽子：带着情感看问题。你有什么感受？

白帽子：客观地看问题。事实是什么？

黄帽子：使用积极的观点。这个解决方案的哪些部分行得通呢？

黑帽子：使用消极的观点。这个解决方案的哪些部分行不通呢？

绿帽子：创造性地思考。其他变通的想法有哪些？

蓝帽子：广泛地思考。最好的整体解决方案是什么？

"六顶帽子"法

（7）创建流程图。当你正在开发一个新项目时，首先要创建一个流程图（见下图）来追踪该项目从开始到结束的全过程，寻找各种途径或者可能发生的一系列事件。一个流程图可以帮助你将最终产品直观化，消除潜在的问题，产生独特的解决方案。

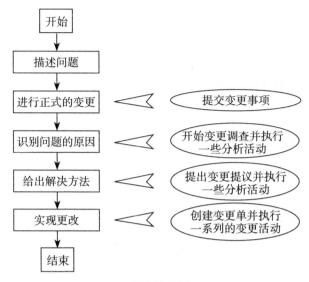

创建流程图

（8）"滚雪球"技巧。你有没有注意到，一个好的想法常常直接引出另一个好想法？当你正在为你的项目构思的时候，你可以使用"滚雪球"技巧。如果这个想法不是很适合你现在的工作，那就把它放在一边，等待在日后的工作中使用或者实施。

【探索活动】

尝试对身边的某样东西或某件事进行创新。（不一定做出来，但要有思路。）

主题 五 创业计划书

【活动导入】

创业计划书是将有关创业的想法，借由白纸黑字最后落实的载体。创业计划书的质量往往会直接影响创业发起人能否找到合作伙伴、获得资金及其他政策的支持。如何写创业计划书呢？要依目标，即看计划书的对象，目标不同，计划书的内容也不同，譬如是要写给投资者看呢，还是要拿去银行贷款。不同的目的，计划书的重点也会有所不同。

【知识要点】

一、撰写创业计划书规范

第一是Concept（概念）。概念就是让别人知道你要卖的是什么。

第二是Customers（顾客）。顾客的范围要很明确，比如说认为所有的女人都是顾客，那50岁以上、5岁以下的女性也是你的客户吗？

第三是Competitors（竞争者）。需要问"你的东西有人卖过吗，是否有替代品，竞争者跟你的关系是直接的还是间接的"等。

第四是Capabilities（能力）。要卖的东西自己懂不懂？譬如说开餐馆，如果厨师不做了临时找不到人，自己会不会炒菜？如果没有这个能力，至少合伙人要会做，再不然也要有鉴赏的能力，不然最好不要做。

第五是Capital（资本）。资本可能是现金，也可以是有形或无形资产。要很清楚资本在哪里，有多少，自有的部分有多少，可以借贷的有多少。

第六是Continuation（持续经营）。当事业做得不错时，将来的计划是什么。

一般来说，创业计划书有三大部分。第一是事业本体的部分，就是事业的主要内容；第二是财务数据，比如营业额、成本、利润如何，未来还需要多少资金周转，等等；第三是补充文件，比如有没有专利证明、专业的执照或证书，或者是意向书、推荐函。

二、怎样写好创业计划书

1. 关注产品

在创业计划书中，应提供所有与企业的产品或服务有关的细节，包括企业所实施的所有调查。投资者想要了解的问题包括：产品正处于什么样的发展阶段？它的独特性怎样？企业分销产品的方法是什么？谁会使用企业的产品，为什么？产品的生产成本是多少，售价是多少？企业发展新的现代化产品的计划是什么？把出资者拉到企业的产品或服务中来，这样出资者就会和创业者一样对产品感兴趣。在创业计划书中，企业家应尽量用简单的词语来描述每件事——商品及其属性的定义对企业家来说是非常明确的，但其他人却不一定清楚它们的含义。制订创业计划书的目的不仅是要出资者相信企业的产品会在世界上产生革命性的影响，同时也要使他们相信企业有证明它的依据。创业计划书对产品的阐述，要让出资者感到："噢，这种产品是多么美妙，多么令人鼓舞啊！"

2. 敢于竞争

在创业计划书中，创业者应细致分析竞争对手的情况。竞争对手都是谁？他们的产品是如何工作的？竞争对手的产品与本企业的产品相比，有哪些相同点和不同点？竞争对手所采用的营销策略是什么？要明确每个竞争者的销售额、毛利润、收入以及市场份额，然后再讨论本企业相对于每个竞争者所具有的竞争优势，要向投资者展示顾客偏爱本企业的原因是：本企业的产品质量好、送货迅速、定位适中、价格合适等等。创业计划书要使它的读者相信，本企业不仅是行业中的有力竞争者，而且将来还会是确定行业标准的领先者。在创业计划书中，企业家还应阐明竞争者给本企业带来的风险以及本企业所采取的对策。

3. 了解市场

创业计划书要给投资者提供企业对目标市场的深入分析和理解，要细致分析经济、地理、职业以及心理等因素对消费者选择购买本企业产品这一行为的影响，以及各个因素所起的作用。创业计划书中还应包括一个主要的营销计划，计划中应列出本企业打算开展广告、促销以及公共关系活动的地区，明确每一项活动的预算和收益。创业计划书中还应简述一下企业的销售战略：企业是使用外面的销售代理还是使用内部职员？企业是使用转卖商、分销商还是特许商？企业将提供何种类型的销售培训？此外，创业计划书还应特别关注一下销售中的细节问题。

4. 表明行动的方针

企业的行动计划应该是无懈可击的。创业计划书中应该明确下列问题：企业如何把产品推向市场？如何设计生产线？如何组装产品？企业生产需要哪些原料？企业拥有哪些生产资源，还需要什么生产资源？生产和设备的成本是多少？企业是购买设备还是租设备？说明与产品组装、储存以及发送有关的固定成本和变动成本的情况。

5. 展示你的管理队伍

把一个思想转化为一个成功的风险企业，其关键的因素就是要有一支强有力的管理队伍。这支队伍的成员必须有较高的专业技术知识、管理才能和多年的工作经验。要给投资者这样一种感觉："看，这支队伍里都有谁！如果这个公司是一支足球队的话，他们就会一直杀入世界杯决赛！"管理者的职能就是计划、组织、控制和指导公司实现目标的行动。在创业计划书中，应首先描述一下整个管理队伍及其职责，然后再分别介绍每位管理人员的特殊才能、特点和造诣，细致描述每个管理者将对公司所做的贡献。创业计划书中还应明确管理目标以及组织机构图。

6. 出色的计划摘要

创业计划书中的计划摘要也十分重要。它必须能让读者有兴趣并渴望得到更多的信息，它将给读者留下长久的印象。计划摘要将是创业者所写的最后一部分内容，但却是出资者首先要看的内容，它需要从计划中摘录出与筹集资金最相关的细节，包括对公司内部的基本情况，公司的能力以及局限性，公司的竞争对手，营销和财务战略，公司的管理队伍等情况的简明而生动的概括。如果公司是一本书，它就像是这本书的封面，做得好就可以把投资者吸引住。它应给风险投资家这样的印象："这个公司将会成为行业中的巨人，我已等不及要去读计划的其余部分了。"

三、创业计划书的内容

1. 计划摘要

计划摘要列在创业计划书的最前面，它浓缩了的创业计划书的精华。计划摘要涵盖了计划的要点，以求一目了然，以便读者能在最短的时间内评审计划并做出判断。

计划摘要一般包括以下内容：公司介绍、主要产品和业务范围、市场概貌、营销策略、销售计划、生产管理计划、管理者及其组织、财务计划、资金需求状况等。

在介绍企业时，首先，要说明创办新企业的思路，新思想的形成过程以及企业的目标和发展战略。其次，要交代企业现状、过去的背景和企业的经营范围。在这一部分中，要对企业以往的情况做客观的评述，不回避失误。中肯的分析往往更能赢得信任，从而使人容易认同企业的创业计划书。最后，还要介绍一下创业者自己的背景、经历、经验和特长等。企业家的素质对企业的成绩往往起关键性的作用。在这里，企业家应尽量突出自己的优点并表示自己强烈的进取精神，以给投资者留下一个好印象。

在计划摘要中，企业还必须要回答下列问题：

（1）企业所处的行业，企业经营的性质和范围。

（2）企业主要产品的信息。

（3）企业的市场在哪里，谁是企业的顾客，他们有哪些需求。

（4）企业的合伙人、投资人是谁。

（5）企业的竞争对手是谁，竞争对手对企业的发展有何影响。

摘要要尽量简明、生动，特别要详细说明自身企业的独特之处以及企业获取成功的市场因素。如果企业家了解他所做的事情，摘要仅需2页纸就足够了。如果企业家不了解自己正在做什么，摘要就可能要写20页纸以上。因此，有些投资家就依照摘要的长短来"把麦粒从谷壳中挑出来"。

2. 产品（服务）介绍

在进行投资项目评估时，投资人最关心的问题之一就是风险企业的产品、技术或服务能否以及在多大程度上解决现实生活中的问题，或者，风险企业的产品（服务）能否帮助顾客节约开支，增加收入。因此，产品介绍是创业计划书中必不可少的一项内容。通常，产品介绍应包括以下内容：产品的概念、性能及特性；主要产品介绍；产品的市场竞争力；产品的研究和开发过程；发展新产品的计划和成本分析；产品的市场前景预测；产品的品牌和专利。

在产品（服务）介绍部分，企业家要对产品（服务）做出详细的说明。说明要准确，也要通俗易懂，使不是专业人员的投资者也能明白。一般情况下，产品介绍都要附上产品原型、照片或其他介绍。产品介绍必须要回答以下问题：

（1）顾客希望企业的产品能解决什么问题，顾客能从企业的产品中获得什么好处？

（2）企业的产品与竞争对手的产品相比有哪些优缺点，顾客为什么会选择本企业的产品？

（3）企业为自己的产品采取了何种保护措施，企业拥有哪些专利、许可证，或与已申请专利的厂家达成了哪些协议？

（4）为什么企业的产品定价可以使企业产生足够的利润，为什么用户会大批量地购买该企业的产品？

（5）企业采用何种方式去改进产品的质量、性能，企业对发展新产品有哪些计划等。

产品（服务）介绍的内容比较具体，因而写起来相对容易。虽然夸赞自己的产品是推销所必需的，但应该注意，企业所做的每一项承诺都是"一笔债"，都要努力去兑现。要牢记，企业家和投资家所建立的是一种长期合作的伙伴关系。空口许诺，只能得意于一时。如果企业不能兑现承诺，不能偿还债务，企业的信誉必然要受到极大的损害，这是真正的企业家所不屑去做的。

3. 人员及组织结构

有了产品之后，创业者第二步要做的就是结成一支有战斗力的管理队伍。企业管理的好坏，直接决定了企业经营风险的大小。而高素质的管理人员和良好的组织结构则是管理好企业的重要保证。因此，风险投资家会特别注重对管理队伍的评估。

企业的管理人员应该是互补型的，而且要具有团队精神。一个企业必须要具备负责产品设计与开发、市场营销、生产作业管理、企业理财等方面的专门人才。在创业计划书中，必须要对主要管理人员加以介绍。介绍他们所具有的能力，他们在本企业中的职务和责任，他们过去的详细经历及背景。此外，在这部分创业计划书中，还应对公司结构做简要介绍，包括：公司的组织机构图；各部门的功能与责任；各部门的负责人及主要成员；公司的报酬体系；公司的股东名单，包括认股权、比例和特权；公司的董事会成员；各位董事的背景资料。

4. 市场预测

当企业要开发一种新产品或向新的市场扩张时，首先就要进行市场预测。如果预测的结果并不乐观，或者预测的可信度让人怀疑，那么投资者就要承担更大的风险，这对多数风险投资家来说都是不可接受的。市场预测首先要对需求进行预测：市场是否存在对这种产品的需求？需求程度是否可以给企业带来所期望的利益？新的市场规模有多大？需求发展的未来趋向及其状态如何？影响需求的因素都有哪些？其次，市场预测还包括对市场竞争情况的预测——对企业所面对的竞争格局进行分析：市场中主要的竞争者有哪些？是否存在有利于本企业产品的市场空当？本企业预计的市场占有率是多少？本企业进入市场会引起竞争者怎样的反应？这些反应对企业会有什么影响？等等。

在创业计划书中，市场预测应包括以下内容：市场现状综述；竞争厂商概览；目标顾客和目标市场；本企业产品的市场地位；市场区格和特征等等。风险企业对市场的预测应建立在严密、科学的市场调查的基础上。风险企业所面对的市场本来就有变幻不定、难以捉摸的特点。因此，风险企业应尽量扩大收集信息的范围，重视对环境的预测和采用科学的预测手段和方法。创业者应牢记的是，市场预测不是凭空想象出来的。对市场错误的认识是企业经营失败的最主要原因之一。

5. 营销策略

营销是企业经营中最富挑战性的环节，影响营销策略的主要因素有：

（1）消费者的特点。

（2）产品的特性。

（3）企业自身的状况。

（4）市场环境方面的因素。

最终影响营销策略的则是营销成本和营销效益因素。在创业计划书中，营销策略应包括以下内容：

（1）市场机构和营销渠道的选择。

（2）营销队伍和管理。

（3）促销计划和广告策略。

（4）价格决策。

对创业企业来说，由于产品和企业的知名度低，很难进入其他企业已经稳定的销售渠道。因此，企业不得不暂时采取高成本低效益的营销战略，如上门推销，大打商品广告，向批发商和零售商让利，或交给任何愿意经销的企业销售。对发展企业来说，它一方面可以利用原来的销售渠道，另一方面也可以开发新的销售渠道以适应企业的发展。

6. 生产制造计划

创业计划书中的生产制造计划应包括以下内容：产品制造和技术设备现状；新产品投产计划；技术提升和设备更新的要求；质量控制和质量改进计划。

在寻求资金的过程中，为了增大企业在投资前的评估价值，创业者应尽量使生产制造计划更加详细、可靠。生产制造计划应回答以下问题：企业生产制造所需的厂房、设备情况如何；怎样保证新产品在进入规模生产时的稳定性和可靠性；设备的引进和安装情况如何，谁是供应商；生产线的设计与产品组装是怎样的；供货者的前置期是多长时间；资源的需求量如何；生产周期标准的制订以及生产作业计划的编制是否合理；物料需求计划及其保证措施是否完善；质量控制的方法是怎样的；相关的其他问题。

7. 财务规划

财务规划需要花费较多的精力来做具体分析，其中就包括现金流量表、资产负债表以及损益表的制备。流动资金是企业的生命线，因此企业在初创或扩张时，对流动资金需要有预先周详的计划和流动过程中的严格控制；损益表反映的是企业的赢利状况，它是企业在运作一段时间后的经营结果；资产负债表则反映某一时刻的企业状况，投资者可以用资产负债表中的数据得到的比率指标来衡量企业的经营状况以及可能的投资回报率。

财务规划一般要包括以下内容：

（1）创业计划书的条件假设。

（2）预计的资产负债表；预计的损益表；现金收支分析；资金的来源和使用。

可以这样说，一份创业计划书概括地提出了在筹资过程中创业者需做的事情，而财务规划则是对创业计划书的支持和说明。因此，一份好的财务规划对评估风险企业所需的资金数量，提高风险企业取得资金的可能性是十分关键的。如果财务规划准备得不好，会给投资者以企业管理人员缺乏经验的印象，降低风险企业的评估价值，同时也会增加企业的经营风险。那么如何制订财务规划呢？这首先要取决于风险企业的远景规划——是为一个新市场创造一个新产品，还是进入一个财务信息较多的已有市场。

着眼于一项新技术或创新产品的创业企业不可能参考现有市场的数据、价格和营销方式。因此，它要自己预测所进入市场的成长速度和可能获得的纯利，并把它的设想、管理队伍和财务模型推销给投资者。而准备进入一个已有市场的风险企业则可以很容易地说明整个市场的规模和改进方式。风险企业可以在获得目标市场的信息的基础上，对企业第一年的销售规模进行规划。

企业的财务规划应保证和创业计划书的假设相一致。事实上，财务规划和企业的生产计划、人力资源计划、营销计划等都是密不可分的。要完成财务规划，必须要明确下列问题：

（1）产品在每个时期的发出量有多大？

（2）什么时候开始产品线扩张？

（3）每件产品的生产费用是多少？

（4）每件产品的定价是多少？

（5）使用什么分销渠道，所预期的成本和利润是多少？

（6）需要雇佣哪几种类型的人？

（7）雇佣何时开始，工资预算是多少？

三、创业计划书检查

在创业计划书写完之后，创业者最好再对计划书检查一遍，看一下该计划书是否能准确回答投资者的疑问，争取投资者对本企业的信心。通常，可以从以下几个方面对计划书加以检查。

（1）你的创业计划书是否显示出你具有管理公司的经验

如果你自己缺乏能力去管理公司，那么一定要明确地说明，你已经雇了一位经营大师来管理你的公司。

（2）你的创业计划书是否显示了你有能力偿还借款

要保证给预期的投资者提供一份完整的比率分析。

（3）你的创业计划书是否显示出你已进行过完整的市场分析

要让投资者坚信你在计划书中阐明的产品需求量是确实的。

（4）你的创业计划书是否容易被投资者所领会

创业计划书应该备有索引和目录，以便投资者可以较容易地查阅各个章节。此外，还应保证目录中的信息是有逻辑的和现实的。

（5）你的创业计划书中是否有计划摘要并放在了最前面

计划摘要相当于公司创业计划书的封面，投资者首先会看它。为了保持投资者的兴趣，计划摘要应写得引人入胜。

（6）你的创业计划书是否在语法上全部正确

如果你不能保证，那么最好请人帮你检查一下。计划书的拼写错误和排印错误能很快就使企业家的机会丧失。

（7）你的创业计划书能否打消投资者对产品（服务）的疑虑

如果需要，你可以准备一件产品模型。

创业计划书中的各个方面都会对筹资的成功与否有影响。因此，如果你对你的创业计划书缺乏成功的信心，那么最好去查阅一下计划书编写指南或向专门的顾问请教。

【探索活动】

通过下面的计划书，了解创业计划书的具体内容，并尝试做一份自己的创业计划书。

◆ 创业计划书 ◆

第一部分　摘要

公司名称：香yoyo奶茶店

主要产品：奶茶

地点：兰州市

业务范围：销售奶茶、果汁、饮料等

营销策略：（略）。

促销计划和广告策略：（略）。

价格策略：（略）。

一、公司战略目标

第一、二年：建立自己的品牌，收回初期投资，积累无形资产，第二年后开始盈利。尽管在兰州市奶茶店很多，但是我们会提高公司知名度，使市场占有率最大化。预计本阶段在兰州市的市场占有率达到10%。

第三、四年：进一步拓展公司项目，开发新品与规范流程两手抓，使公司拥有一定的品牌影响，扩大公司影响范围，为以后占领更大的市场打下基础。预计本阶段在兰州的市场占有率达到30%，并开始建立市内连锁分店。

第五、六年：对公司进行进一步完善，扩大建设规模。随着公司不断壮大，开始在省内外建立连锁店，向经济较好的地区扩张，打造一个国内知名的奶茶公司。

二、核心竞争力分析

我公司推出的奶茶饮品除了结合了香飘飘、优乐美、相约等奶茶的各种优点，不仅注重产品的质量、口感、包装，而且更加注重对身体的调养，真正做到健康好喝的茶饮料。这是我们的优势，也是我们战胜其他品牌，战胜周围其他店面，成为"奶茶之王"的一个重要法宝。

三、消费者特征与习惯

1. 消费者特征

青年人是主力军，且调查显示，女性最常喝奶茶的比例高于男性，这与女性消费者看重奶茶饮品的健康、时尚特性不无关系。因为奶茶对皮肤有滋润美白功效，其中的椰果是粗纤维食品，既可以填饱肚子，又绝对不含脂肪，所以美容瘦身是女性多于男性选择奶茶的主要原因之一。

2. 消费者需求

既然是奶茶店，就一定要保证店面的清洁与舒适。这还远远不够，还要把店面布置得富有特色，不落俗套，所以店面装修很重要，要让消费者在店外就有种想进来逛逛的欲望。当然这只是表面的包装，奶茶的质量和包装才是顾客最看中的，所以制作奶茶的每一道工序都会经过安检局的严格检验，绝不会出现掺假，缺斤少两的现象。

由于消费者大都是年轻情侣，所以一定要给他们营造一个舒适、安静、浪漫、优雅的气氛。尽管是一杯奶茶，也能品出幸福的味道。可以开展一些有特色的促销活动：比如，情侣买可赠送情侣对勺；买三杯以上获赠可爱的饰品。小店要有自己的特色，比如有卡通形象，或者制造供情侣用的Y型吸管，可以在店名上方加几个小射灯，最好是发粉色光的，晚上看起来很漂亮、温馨。

第二部分　公司概述

公司名称：香yoyo奶茶店

公司类型：股份制公司

公司宗旨：热情、竭诚、质优

公司业务：销售奶茶、果汁、饮料、甜点等

主营业务：奶茶

兼营业务：果汁、饮料、甜点等

公司的短期目标：积极发展。

第一阶段：通过广泛的宣传、促销，吸引顾客。

第二阶段：公司发展处于上升阶段，通过热情周到的服务树立良好的品牌形象，一方面留住原有的顾客，另一方面开拓新的客源。

第三阶段：针对不同的顾客需求，不断推出新的品种

公司的长期发展目标：占领区域100%的客源市场，为消费群体提供最优质的服务，实现利润的最大化。

公司的经营理念：

以创新灵活的经营模式来吸引广大消费群体

以无可挑剔的优质服务来满足广大消费群体

以安全舒适的环境来方便广大消费群体

以公益感恩的企业文化来回报广大消费群体

公司的企业文化：

全心全意地服务于广大的消费群体，让他们在安全、舒适的环境中体验轻松与美味。让奶茶的凉爽驱走你夏日的酷暑！让奶茶的温暖驱走冬日的严寒！

公司的独创性：

经过对广大消费群体的调研，对奶茶市场的独立分析，采取和广大消费群体间相互协作的方式，以浪漫的气氛、温馨的环境、选择的多样，营造具有思

维和经营上的创新之处。

奶茶店的设备：

封口机、封口膜、杯子、吸管、搅拌机、饮水机、容器、桌椅等。

第三部分　产品介绍

珍珠奶茶发源于台湾省，是于冰奶茶内加入粉圆，煮熟的粉圆外观乌黑透亮，遂以"珍珠"命名，故称"珍珠奶茶"。珍珠奶茶如今已遍布全球，是休闲饮品的品种之一，深受消费者欢迎。

珍珠奶茶不仅口味鲜美，而且口感新鲜，现场制作，由多种原料配成，品种多，口味佳，植物蛋白等营养丰富。奶茶有红豆奶茶、麦香红茶、茉香奶茶等等，添加物有珍珠、椰果、沙冰、刨冰等，更有各种水果奶茶、西瓜奶茶、木瓜奶茶等等。我们奶茶店还推出了招牌奶茶。我们自己创制搭配的口味，衬托不同的心情，给消费者不同的味觉感受。

珍珠奶茶市场空间极度宽阔，需求量大。作为一家大学生自己创业的奶茶公司，具有独特的优势和劣势。竞争优势是：我们是大学生自己创业，我们有灵活的头脑，以诚信为本，善于抓住市场的优势。同时我们的消费主体是学生，价钱便宜合理又美味的奶茶对他们产生的吸引力是特别大的。大学生自主创业可以免税收，同时学校可以提供相应的优惠条件和支持帮助，可以降低经营成本。经营过程中，创业学生既能够积极参加社会实践，共同创业，积累具体的工作经验，又可以因为公司的赢利赚取工资，分享经营所带来的利润。

竞争劣势是学生经营公司，缺乏经营管理经验，缺乏科学决策能力，前期资金投入少，缺乏雄厚资金实力。同时在校内，超市附近各有几家奶茶经营店，其占有的市场份额对我们的业务开展具有一定的挑战。但是既然选择了正确的经营方向，我们将把握自己独特的经营理念，不畏艰苦，坚持经营。我们将以实事求是的态度，热情周到的服务，积极创业。

我们的奶茶定价为一杯6～8元不等。（根据不同的口味及配料。根据我们的批发配料等计算）我们的成本是一杯在2元左右。所以我们会有足够的利润，这个价格对学生一族也具有大的吸引力。

第四部分　市场分析

市场概况：

客源市场描述

①主要以吃饭逛街的学生为主；②消费者分析：大多数学生会经常带着杯奶茶逛街吃饭。③客源发展分析：奶茶从发展到现在拥有很多的消费者。

一、产品分析

产品投资小，利润大，可以增加新品种奶茶，可以兼售咖啡、果汁等饮料，生产工艺简单，利于投资和创业。我们是以奶茶制作工艺的精湛，制作种类的多样为基础，提供给顾客最美味的奶茶产品和最满意的服务。

二、行业竞争状况分析

（1）附近主要的竞争品牌有七杯茶、避风塘、立顿等。

（2）新开奶茶店会对学生产生些新鲜感，并且周边有三所学校，客源充足，消费潜力大。

（3）经调查，附近虽然也有几家奶茶店，但都只是传统意义上的珍珠奶茶，因此要扩大市场，我们也将变革创新，做市场的领军人，使产品结构多元化，学习先进的经营管理经验，可以放入果粒等开发新品种奶茶，以此提升竞争力。

三、营销策略

1. 促销计划和广告策略

①宣销并进，在终端店用优惠销售和赠送礼品等方式，在保证销量的同时，带动品牌的成长；②对于不适合逛街的冬夏季，我们可以推出购买8杯以上就送货上门的活动，很适合宅在寝室的学生；③为提高奶茶的知名度，进行广告宣传，邀请消费者免费试尝等策略。

2. 价格策略

我们的奶茶定价为一杯6～8元不等，是根据不同的口味及配料等计算的。我们的成本是一杯在2元左右。所以我们会有足够的利润。这个价格对学生一族也具有较大吸引力。

3. 营销队伍和管理

提高前后台的有效协同的响应能力，制订科学规范的管理流程，提高店员的素质和职业习惯。

4. 营销渠道

通过租用店铺经营奶茶店。

四、主要影响因素:

1. 市场环境因素

选好地段和店面,把握"客流"就是"钱流"的原则。在人流熙攘的热闹地段开店,成功的概率往往比普通地段高出许多。客流量较大的地段有:①城镇的商业中心(即我们通常所说的"闹市区");②车站附近(包括火车站、长途汽车站、客运轮渡码头、公共汽车的起点和终点站);③医院门口(以带有住院部的大型医院为佳);④学校门口;⑤人气旺盛的旅游景点;⑥大型批发市场门口。

2. 消费者特点

由于主要客源是师生群体,因此在寒暑假期间会出现销售量锐减的情况。

3. 产品的特性

产品的生产受客观因素影响较小,自由性比较大,投资成本低,但是也有可能会因在经营过程中出现销售低峰导致原材料的挤压,因此在此期间应加大促销与宣传,采取降低价格等方式减少经营损失。

第五部分 生产规划

一、店面本身的情况

店面可位于每天人流量相当可观的繁华地段,面积需达到40平方米,且除了对外的店面外,还应有两间小房间,一间用来作为员工进行奶茶加工的工作室,另一间就作为卫生间。

二、店面的装潢

店面装修关系到一家店的经营风格及外观的第一印象,因此,对装潢厂商的选择十分重要,所找的装潢厂商必须要有相关店面的装潢经验。在装潢前请装潢公司先画图,包括平面图、立面图、侧面图、所要用的材料的材质、颜色、尺寸等,都要事先注明清楚。为便于说明自己想要装潢的模样,最好先带装潢厂商到同类型的店去实地观摩,说清楚自己想要的风格,这样装潢出来的店面,才会比较贴近自己的想法。

三、奶茶的制作和技术

1. 制作原料（由供应商以最优价提供）

以奶茶为主要原料，加上珍珠、西米等，可根据不同口味要求选择合适的原料和设备（如封口机、封口膜、杯子、吸管、搅拌机、饮水机、容器、吧台匙、冰格、冰夹、密封罐等）。

2. 制作奶茶的技术（随着研究的深入，不断变化和改进）

首先，接受免费技术培训（即如何做出美味的奶茶的技术）。为了更好地掌握技术，我们决定组织人员进行专门的培训。

其次，自行充分掌握泡制奶茶的技术。在成功开店以及有原料也有现货之后，我们必须安排至少5天的时间进行技术的熟练和产品的制作。

最后，后期技术更新。鉴于我们要进行自我研究新产品以赢得客人的喜爱，我们要提前预订新样品和材料，同时提前商定时间进行技术实验。

3. 培养创新能力

不断推陈出新，促进产品的更新换代，满足消费需求。

四、产品投产计划

1. 初期宣传

投入资金进行宣传，保证质量赢得客人的信任及喜爱，确认主要的消费群体，要以良好的服务态度对待每一位顾客。

2. 经营一段时间以后，增加材料预定渠道

扩招店员（以在校大学生兼职为主），扩大产品生产规模，增加奶茶的产品种类和数量，同时提高质量。倘若经营旺盛可在高校校区附近开设分店。

3. 保证服务质量，提高服务水平

要求店内工作人员掌握必要的礼仪规范，包括男女服务员的面容、着装以及与顾客交流时的态度、方法等。

五、原料

果粉、奶精、奶茶粉、茶类、珍珠、椰果、新鲜水果。

六、产品制造过程

消毒及原料预处理、溶解、定容、封盖、包装。

七、质量控制

必须保证奶茶的质量、新鲜、卫生、健康。

八、原料采购周期

一般定为3~4天。

第六部分　人员及组织结构

经理1名，收银员1名，服务员1名，调配师1名，封口员1名，采购员1名。

经理：负责管理人员及店里内务，必要时出面解决店内的纠纷。

收银员：即负责收钱的人员。

服务员：负责店内的卫生及顾客的部分需求和建议。

调配师：负责调配各式奶茶产品并将产品交给封口员。

封口员：负责用机器给每杯奶茶进行严格封口。

采购员：负责进行奶茶原料及包装等材料的采购工作。

备注：各人员应该充分表现出团结合作的精神，共同经营好该店。

第七部分　财务规划

一、融资战略

1.金融资本

金融资本主要用于购置原料、租赁门面、装修房屋、发放工资、宣传费用等。

2.资金来源

为了满足本店的正常经营活动，合理配置资金结构，减少公司举债经营中可能发生的经营风险和财务风险。本店处于创业阶段，相当一部分资金依赖自有资本，所以大部分资金通过创业者自筹获得。

二、第一年成本支出预算计划

成本预算表　　　　　　（单位：元）

门面租金	96000
装修	50000
基本设备	30000
职工薪酬	264000
宣传费用	8000
合计	448000

1. 门面租金

本店销售地点在兰州市内，初建门面总计为40平方米，按每月8000元算，租金共96000元。

2. 装修

本店初建期主要装修门面和室内，需购买吊顶、地砖、吧台、顶灯、店外灯箱、招牌、座椅等，其费用为50000元。

3. 基本设备

封口机（250元）、自动封口机（2700元）、保温桶（280元）、双层带调温功能电热桶（360元）、奶茶机（2300元）、电磁炉（360元）、刨冰机（2300元）、沙冰机（400元）、冰淇淋机（8500元）、双缸双温冷饮机（2150元）、碎冰机（280元）、制冰机（价格根据制冰量规格而定）。基本操作工具则包括：树脂雪克杯、果粉勺、盎司杯、珍珠勺、果汁挤壶、真空密封罐、冲茶组架含漏布、冲茶袋、过漏网等，这些价格在几元到十几元不等。材料包括果粉、奶精、奶粉等。其总费用为30000元。

4. 职工薪酬

经理5000元/月，一个收银员3500元/月，服务员3000元/月，调配师4000元/月，封口员3000元/月，采购员3500元/月。每年总费用为264000元。

5. 宣传费用

传单、积分卡、会员卡。总费用8000元。

具体原材料见下表。

具体原材料价格

封口膜	55元
吸管	25元/1000根
杯子	75元/500个
果粉	21元/袋
奶精	22元/袋
珍珠豆	13.8元/袋
椰果	15元/罐
茶粉	15元/袋
奶茶粉	15元/袋
成本总核算	2元/杯

三、盈利能力分析

分析指标：销售利润率。

销售利润率 = 税后净利润/销售收入总额 × 100%

其中税后总利润为销售总额减去材料成本、房租、工资、水电费、卫生费、税金等。

盈利分析　　　　　　　　　　　（单位：元）

项目	第一月	第二月	第三月
税后净利润	12600	31500	44100
销售收入总额	63000	105000	126000
销售净利润率	20%	30%	35%

据调查，估计第一月平均每天能卖300杯，第二月平均每天能卖500杯，第三月平均每天能卖600杯，每杯平均售价7元。

计算结果表明，我店未来3个月的利润呈增加趋势，说明我店的经营情况比较乐观。

第八部分　风险规划

经营风险就是指在资本经营活动中所遇到或存在的某些不确定因素造成的经营活动的经营结果偏离预期可能性的风险。就目前而言，本奶茶店经营活动中可能出现的风险大致可总结为：市场风险、技术风险和财务风险。

一、市场风险及对策

1. 市场风险

该奶茶店在创立阶段及经营过程中，可能会存在下列市场风险：

（1）消费者对该店产品认知程度低，达不到该店营销目标所要求的知名度。

（2）学校附近步行街奶茶店数量较多，市场竞争激烈，使市场增长率下降。

（3）据调查，大多数学生喜欢去老店购买，因此新的奶茶店不能吸引预期数量的顾客，低于营销目标要求。

2. 对策

（1）针对达不到营销目标所存在的风险，该店将主要把广告等促销活动做到位。在学校大力宣传达到理想的宣传效果，缩短消费者对该店及其产品的认知周期。

（2）发展特色服务，形成奶茶店的核心竞争力。采取各种营销手段，树立良好的品牌形象，迅速占领市场，在学生市场中形成良好的口碑效应。

（3）在奶茶的设计和店面管理上，着重突出创新的作用，把设计创新作为公司的生命之源，力量之源。

（4）建立和完善市场信息反馈体系，定期在学校进行市场调查，及时把握市场变动的趋势，把握好消费倾向。

二、技术风险及对策

该店尚处在创业初级阶段，在奶茶的设计和市场的要求方面还无法达到最完美的结合，同时在奶茶销售或经营过程中出现的设备低劣，技术人员的素质低，无法找到物美价廉的原材料等问题都可能导致一定的技术风险。因此，对于这些技术风险的解决对该店的发展也是至关重要的一个环节。

三、管理风险及对策

奶茶店刚成立，成员相对缺乏对奶茶店的管理经验以及科学决策能力，不能对市场和管理有良好的认知和实践。因此，对于这方面风险的解决需要成员不断去其他优秀奶茶店学习深造，并运用于实践当中，这样方能使公司可持续地发展下去。

四、财务风险及对策

成立初期，前期注入资金较少，信誉度比较低，在融资方面可能会存在资金不能及时到位等问题。因此需要做好以下几件事：

1. 合理确定资本结构，控制债务规模。

2. 记录每天实际开支，监督费用的使用情况，使资金合理运用符合公司运营的规划。制订有效的成本计划，做出准确的费用估算和预算。

3. 融资时我们要签订合同，严格规定双方的权利和义务。

4. 加强资金管理，降低人为财务风险，尽量达到最合理的资源配置。

5. 提高财务风险意识，降低主观意识中的财务风险。

6. 要以财务为核心，形成服务、消费、财务、市场等各环节之间的统筹协调。

第九部分　附录

市场调查：

奶茶产业是一个新兴的产业，这是一个潜力很大的产业。对此产业大家有什么看法或者什么想法？我们想通过此次调查，去发掘这个产业的潜力，希望大家给予有力的支持！您的3分钟的耐心也许会成就一批人的创业梦想。予人玫瑰，手留余香。在此先谢谢大家了！

问题1：你们会在什么样的地方喝奶茶？（单选题）

A. 安静的地方　　　　　　　　　　B. 优雅的地方

C. 人少的地方　　　　　　　　　　D. 人多的地方

问题2：你喜欢什么风格的奶茶店？（单选题）

A. 休闲的　　　　　　　　　　　　B. 优雅的

C. 浪漫的　　　　　　　　　　　　D. 温馨的

问题3：你喜欢喝奶茶时都放些什么？（单选题）

A. 果肉　　　　　　　　　　　　　B. 珍珠

C. 西米　　　　　　　　　　　　　D. 其他

问题4：你觉得奶茶店里只有奶茶会不会单调？（单选题）

A. 会　　　　　　　　　　　　　　B. 不会

问题5：在奶茶店里放一些冰的或糕点好不好？（单选题）

A. 好　　　　　　　　　　　　　　B. 不好

问题6：你一般会和谁一起去奶茶店？（单选题）

A. 同学　　　　　　　　　　　　　B. 朋友

C. 父母　　　　　　　　　　　　　D. 其他人

问题7：你喜欢在宽敞的奶茶店喝茶吗？（单选题）

A. 喜欢　　　　　　　　　　　　　B. 不喜欢

问题8：你去上班时会提前去奶茶店吗？（单选题）

A. 会　　　　　　　　　　　　　　B. 不会

问题9：你觉得在奶茶店里放一台电视好吗？（单选题）★

A. 好　　　　　　　　　　　　　　B. 不好

问题10：你觉得经营奶茶店是不是要有特色？（单选题）★

A. 是　　　　　　　　　　　　　B. 不是

问题11：你是喜欢奶味重一点的奶茶还是茶味重一点的奶茶？（单选题）★

A. 奶味重　　　　　　　　　　　B. 茶味重

问题12：如果口感好、价格贵一点，你能接受吗？（单选题）★

A. 能　　　　　　　　　　　　　B. 不能

问题13：因为制作程序讲究，可能会花上大家3～5分钟的等候时间。你会等待吗？（单选题）★

A. 能　　　　　　　　　　　　　B. 不能

C. 也许会

附 录

附录一 《中华人民共和国残疾人保障法》（节选）

第三章 教育

第二十一条 国家保障残疾人享有平等接受教育的权利。

各级人民政府应当将残疾人教育作为国家教育事业的组成部分，统一规划，加强领导，为残疾人接受教育创造条件。

政府、社会、学校应当采取有效措施，解决残疾儿童、少年就学存在的实际困难，帮助其完成义务教育。

各级人民政府对接受义务教育的残疾学生、贫困残疾人家庭的学生提供免费教科书，并给予寄宿生活费等费用补助；对接受义务教育以外其他教育的残疾学生、贫困残疾人家庭的学生按照国家有关规定给予资助。

第二十二条 残疾人教育，实行普及与提高相结合、以普及为重点的方针，保障义务教育，着重发展职业教育，积极开展学前教育，逐步发展高级中等以上教育。

第二十三条 残疾人教育应当根据残疾人的身心特性和需要，按照下列要求实施：

（一）在进行思想教育、文化教育的同时，加强身心补偿和职业教育；

（二）依据残疾类别和接受能力，采取普通教育方式或者特殊教育方式；

（三）特殊教育的课程设置、教材、教学方法、入学和在校年龄，可以有适度弹性。

第二十四条 县级以上人民政府应当根据残疾人的数量、分布状况和残疾类别等因素，合理设置残疾人教育机构，并鼓励社会力量办学、捐资助学。

第二十五条 普通教育机构对具有接受普通教育能力的残疾人实施教育，并为其学习提供便利和帮助。

普通小学、初级中等学校，必须招收能适应其学习生活的残疾儿童、少年入学；普通高级中等学校、中等职业学校和高等学校，必须招收符合国家规定的录取要求的残疾考生入学，不得因其残疾而拒绝招收；拒绝招收的，当事人或者其亲属、监护人可以要求有关部门处理，有关部门应当责令该学校招收。

普通幼儿教育机构应当接收能适应其生活的残疾幼儿。

第二十六条　残疾幼儿教育机构、普通幼儿教育机构附设的残疾儿童班、特殊教育机构的学前班、残疾儿童福利机构、残疾儿童家庭，对残疾儿童实施学前教育。

初级中等以下特殊教育机构和普通教育机构附设的特殊教育班，对不具有接受普通教育能力的残疾儿童、少年实施义务教育。

高级中等以上特殊教育机构、普通教育机构附设的特殊教育班和残疾人职业教育机构，对符合条件的残疾人实施高级中等以上文化教育、职业教育。

提供特殊教育的机构应当具备适合残疾人学习、康复、生活特点的场所和设施。

第二十七条　政府有关部门、残疾人所在单位和有关社会组织应当对残疾人开展扫除文盲、职业培训、创业培训和其他成人教育，鼓励残疾人自学成才。

第二十八条　国家有计划地举办各级各类特殊教育师范院校、专业，在普通师范院校附设特殊教育班，培养、培训特殊教育师资。普通师范院校开设特殊教育课程或者讲授有关内容，使普通教师掌握必要的特殊教育知识。

特殊教育教师和手语翻译，享受特殊教育津贴。

第二十九条　政府有关部门应当组织和扶持盲文、手语的研究和应用，特殊教育教材的编写和出版，特殊教育教学用具及其他辅助用品的研制、生产和供应。

第四章　劳动就业

第三十条　国家保障残疾人劳动的权利。

各级人民政府应当对残疾人劳动就业统筹规划，为残疾人创造劳动就业条件。

第三十一条　残疾人劳动就业，实行集中与分散相结合的方针，采取优惠政策和扶持保护措施，通过多渠道、多层次、多种形式，使残疾人劳动就业逐步普及、稳定、合理。

第三十二条　政府和社会举办残疾人福利企业、盲人按摩机构和其他福利性单位，集中安排残疾人就业。

第三十三条　国家实行按比例安排残疾人就业制度。

国家机关、社会团体、企业事业单位、民办非企业单位应当按照规定的比例安排残疾人就业，并为其选择适当的工种和岗位。达不到规定比例的，按照国家有关规定履行保障残疾人就业义务。国家鼓励用人单位超过规定比例安排残疾人就业。

残疾人就业的具体办法由国务院规定。

第三十四条　国家鼓励和扶持残疾人自主择业、自主创业。

第三十五条　地方各级人民政府和农村基层组织，应当组织和扶持农村残疾人从事种植业、养殖业、手工业和其他形式的生产劳动。

第三十六条　国家对安排残疾人就业达到、超过规定比例或者集中安排残疾人就业的用人单位和从事个体经营的残疾人，依法给予税收优惠，并在生产、经营、技术、资金、物资、场地等方面给予扶持。国家对从事个体经营的残疾人，免除行政事业性收费。

县级以上地方人民政府及其有关部门应当确定适合残疾人生产、经营的产品、项目，优先安排残疾人福利性单位生产或者经营，并根据残疾人福利性单位的生产特点确定某些产品由其专产。

政府采购，在同等条件下应当优先购买残疾人福利性单位的产品或者服务。

地方各级人民政府应当开发适合残疾人就业的公益性岗位。

对申请从事个体经营的残疾人，有关部门应当优先核发营业执照。

对从事各类生产劳动的农村残疾人，有关部门应当在生产服务、技术指导、农用物资供应、农副产品购销和信贷等方面，给予帮助。

第三十七条　政府有关部门设立的公共就业服务机构，应当为残疾人免费提供就业服务。

残疾人联合会举办的残疾人就业服务机构，应当组织开展免费的职业指导、职业介绍和职业培训，为残疾人就业和用人单位招用残疾人提供服务和帮助。

第三十八条　国家保护残疾人福利性单位的财产所有权和经营自主权，其合法权益不受侵犯。

在职工的招用、转正、晋级、职称评定、劳动报酬、生活福利、休息休假、社会保险等方面，不得歧视残疾人。

残疾职工所在单位应当根据残疾职工的特点，提供适当的劳动条件和劳动保护，并根据实际需要对劳动场所、劳动设备和生活设施进行改造。

国家采取措施，保障盲人保健和医疗按摩人员从业的合法权益。

第三十九条 残疾职工所在单位应当对残疾职工进行岗位技术培训，提高其劳动技能和技术水平。

第四十条 任何单位和个人不得以暴力、威胁或者非法限制人身自由的手段强迫残疾人劳动。

第六章 社会保障

第四十六条 国家保障残疾人享有各项社会保障的权利。

政府和社会采取措施，完善对残疾人的社会保障，保障和改善残疾人的生活。

第四十七条 残疾人及其所在单位应当按照国家有关规定参加社会保险。

残疾人所在城乡基层群众性自治组织、残疾人家庭，应当鼓励、帮助残疾人参加社会保险。

对生活确有困难的残疾人，按照国家有关规定给予社会保险补贴。

第四十八条 各级人民政府对生活确有困难的残疾人，通过多种渠道给予生活、教育、住房和其他社会救助。

县级以上地方人民政府对享受最低生活保障待遇后生活仍有特别困难的残疾人家庭，应当采取其他措施保障其基本生活。

各级人民政府对贫困残疾人的基本医疗、康复服务、必要的辅助器具的配置和更换，应当按照规定给予救助。

对生活不能自理的残疾人，地方各级人民政府应当根据情况给予护理补贴。

第四十九条 地方各级人民政府对无劳动能力、无扶养人或者扶养人不具有扶养能力、无生活来源的残疾人，按照规定予以供养。

国家鼓励和扶持社会力量举办残疾人供养、托养机构。

残疾人供养、托养机构及其工作人员不得侮辱、虐待、遗弃残疾人。

第五十条 县级以上人民政府对残疾人搭乘公共交通工具，应当根据实际情况给予便利和优惠。残疾人可以免费携带随身必备的辅助器具。

盲人持有效证件免费乘坐市内公共汽车、电车、地铁、渡船等公共交通工具。盲人读物邮件免费寄递。

国家鼓励和支持提供电信、广播电视服务的单位对盲人、听力残疾人、言语残疾人给予优惠。

各级人民政府应当逐步增加对残疾人的其他照顾和扶助。

第五十一条　政府有关部门和残疾人组织应当建立和完善社会各界为残疾人捐助和服务的渠道，鼓励和支持发展残疾人慈善事业，开展志愿者助残等公益活动。

第八章　法律责任

第五十九条　残疾人的合法权益受到侵害的，可以向残疾人组织投诉，残疾人组织应当维护残疾人的合法权益，有权要求有关部门或者单位查处。有关部门或者单位应当依法查处，并予以答复。

残疾人组织对残疾人通过诉讼维护其合法权益需要帮助的，应当给予支持。

残疾人组织对侵害特定残疾人群体利益的行为，有权要求有关部门依法查处。

第六十条　残疾人的合法权益受到侵害的，有权要求有关部门依法处理，或者依法向仲裁机构申请仲裁，或者依法向人民法院提起诉讼。

对有经济困难或者其他原因确需法律援助或者司法救助的残疾人，当地法律援助机构或者人民法院应当给予帮助，依法为其提供法律援助或者司法救助。

第六十一条　违反本法规定，对侵害残疾人权益行为的申诉、控告、检举，推诿、拖延、压制不予查处，或者对提出申诉、控告、检举的人进行打击报复的，由其所在单位、主管部门或者上级机关责令改正，并依法对直接负责的主管人员和其他直接责任人员给予处分。

国家工作人员未依法履行职责，对侵害残疾人权益的行为未及时制止或者未给予受害残疾人必要帮助，造成严重后果的，由其所在单位或者上级机关依法对直接负责的主管人员和其他直接责任人员给予处分。

第六十二条　违反本法规定，通过大众传播媒介或者其他方式贬低损害残疾人人格的，由文化、广播电影电视、新闻出版或者其他有关主管部门依据各自的职权责令改正，并依法给予行政处罚。

第六十三条　违反本法规定，有关教育机构拒不接收残疾学生入学，或者在国家规定的录取要求以外附加条件限制残疾学生就学的，由有关主管部门责令改正，并依法对直接负责的主管人员和其他直接责任人员给予处分。

第六十四条　违反本法规定，在职工的招用等方面歧视残疾人的，由有关主管部门责令改正；残疾人劳动者可以依法向人民法院提起诉讼。

第六十五条　违反本法规定，供养、托养机构及其工作人员侮辱、虐待、遗弃残疾人的，对直接负责的主管人员和其他直接责任人员依法给予处分；构成违反治安管理行为的，依法给予行政处罚。

第六十六条　违反本法规定，新建、改建和扩建建筑物、道路、交通设施，不符合国家有关无障碍设施工程建设标准，或者对无障碍设施未进行及时维修和保护造成后果的，由有关主管部门依法处理。

第六十七条　违反本法规定，侵害残疾人的合法权益，其他法律、法规规定行政处罚的，从其规定；造成财产损失或者其他损害的，依法承担民事责任；构成犯罪的，依法追究刑事责任。

附录二 《残疾人就业条例》

第一章 总则

第一条 为了促进残疾人就业，保障残疾人的劳动权利，根据《中华人民共和国残疾人保障法》和其他有关法律，制定本条例。

第二条 国家对残疾人就业实行集中就业与分散就业相结合的方针，促进残疾人就业。

县级以上人民政府应当将残疾人就业纳入国民经济和社会发展规划，并制定优惠政策和具体扶持保护措施，为残疾人就业创造条件。

第三条 机关、团体、企业、事业单位和民办非企业单位（以下统称用人单位）应当依照有关法律、本条例和其他有关行政法规的规定，履行扶持残疾人就业的责任和义务。

第四条 国家鼓励社会组织和个人通过多种渠道、多种形式，帮助、支持残疾人就业，鼓励残疾人通过应聘等多种形式就业。禁止在就业中歧视残疾人。

残疾人应当提高自身素质，增强就业能力。

第五条 各级人民政府应当加强对残疾人就业工作的统筹规划，综合协调。县级以上人民政府负责残疾人工作的机构，负责组织、协调、指导、督促有关部门做好残疾人就业工作。

县级以上人民政府劳动保障、民政等有关部门在各自的职责范围内，做好残疾人就业工作。

第六条 中国残疾人联合会及其地方组织依照法律、法规或者接受政府委托，负责残疾人就业工作的具体组织实施与监督。

工会、共产主义青年团、妇女联合会，应当在各自的工作范围内，做好残疾人就业工作。

第七条 各级人民政府对在残疾人就业工作中做出显著成绩的单位和个人，给予表彰和奖励。

第二章　用人单位的责任

第八条　用人单位应当按照一定比例安排残疾人就业，并为其提供适当的工种、岗位。

用人单位安排残疾人就业的比例不得低于本单位在职职工总数的1.5%。具体比例由省、自治区、直辖市人民政府根据本地区的实际情况规定。

用人单位跨地区招用残疾人的，应当计入所安排的残疾人职工人数之内。

第九条　用人单位安排残疾人就业达不到其所在地省、自治区、直辖市人民政府规定比例的，应当缴纳残疾人就业保障金。

第十条　政府和社会依法兴办的残疾人福利企业、盲人按摩机构和其他福利性单位（以下统称集中使用残疾人的用人单位），应当集中安排残疾人就业。

集中使用残疾人的用人单位的资格认定，按照国家有关规定执行。

第十一条　集中使用残疾人的用人单位中从事全日制工作的残疾人职工，应当占本单位在职职工总数的25%以上。

第十二条　用人单位招用残疾人职工，应当依法与其签订劳动合同或者服务协议。

第十三条　用人单位应当为残疾人职工提供适合其身体状况的劳动条件和劳动保护，且不得在晋职、晋级、评定职称、报酬、社会保险、生活福利等方面歧视残疾人职工。

第十四条　用人单位应当根据本单位残疾人职工的实际情况，对残疾人职工进行上岗、在岗、转岗等培训。

第三章　保障措施

第十五条　县级以上人民政府应当采取措施，拓宽残疾人就业渠道，开发适合残疾人就业的公益性岗位，保障残疾人就业。

县级以上地方人民政府发展社区服务事业，应当优先考虑残疾人就业。

第十六条　依法征收的残疾人就业保障金应当纳入财政预算，专项用于残疾人职业培训以及为残疾人提供就业服务和就业援助，任何组织或者个人不得贪污、挪用、截留或者私分。残疾人就业保障金征收、使用、管理的具体办法，由国务院财政部门会同国务院有关部门规定。

财政部门和审计机关应当依法加强对残疾人就业保障金使用情况的监督检查。

第十七条　国家对集中使用残疾人的用人单位依法给予税收优惠，并在生产、经营、技术、资金、物资、场地使用等方面给予扶持。

第十八条　县级以上地方人民政府及其有关部门应当确定适合残疾人生产、经营的产品、项目，优先安排集中使用残疾人的用人单位生产或者经营，并根据集中使用残疾人的用人单位的生产特点确定某些产品由其专产。

政府采购，在同等条件下，应当优先购买集中使用残疾人的用人单位的产品或者服务。

第十九条　国家鼓励扶持残疾人自主择业、自主创业。对残疾人从事个体经营的，应当依法给予税收优惠，有关部门应当在经营场地等方面给予照顾，并按照规定免收管理类、登记类和证照类的行政事业性收费。

国家对自主择业、自主创业的残疾人在一定期限内给予小额信贷等扶持。

第二十条　地方各级人民政府应当多方面筹集资金，组织和扶持农村残疾人从事种植业、养殖业、手工业和其他形式的生产劳动。

有关部门对从事农业生产劳动的农村残疾人，应当在生产服务、技术指导、农用物资供应、农副产品收购和信贷等方面给予帮助。

第四章　就业服务

第二十一条　各级人民政府和有关部门应当为就业困难的残疾人提供有针对性的就业援助服务，鼓励和扶持职业培训机构为残疾人提供职业培训，并组织残疾人定期开展职业技能竞赛。

第二十二条　中国残疾人联合会及其地方组织所属的残疾人就业服务机构应当免费为残疾人就业提供下列服务：

（一）发布残疾人就业信息；

（二）组织开展残疾人职业培训；

（三）为残疾人提供职业心理咨询、职业适应评估、职业康复训练、求职定向指导、职业介绍等服务；

（四）为残疾人自主择业提供必要的帮助；

（五）为用人单位安排残疾人就业提供必要的支持。

国家鼓励其他就业服务机构为残疾人就业提供免费服务。

第二十三条　受劳动保障部门的委托，残疾人就业服务机构可以进行残疾人失业登记、残疾人就业与失业统计；经所在地劳动保障部门批准，残疾人就业服务机构还可以进行残疾人职业技能鉴定。

第二十四条　残疾人职工与用人单位发生争议的，当地法律援助机构应当依法为其提供法律援助，各级残疾人联合会应当给予支持和帮助。

第五章　法律责任

第二十五条　违反本条例规定，有关行政主管部门及其工作人员滥用职权、玩忽职守、徇私舞弊，构成犯罪的，依法追究刑事责任；尚不构成犯罪的，依法给予处分。

第二十六条　违反本条例规定，贪污、挪用、截留、私分残疾人就业保障金，构成犯罪的，依法追究刑事责任；尚不构成犯罪的，对有关责任单位、直接负责的主管人员和其他直接责任人员依法给予处分或者处罚。

第二十七条　违反本条例规定，用人单位未按照规定缴纳残疾人就业保障金的，由财政部门给予警告，责令限期缴纳；逾期仍不缴纳的，除补缴欠缴数额外，还应当自欠缴之日起，按日加收5‰的滞纳金。

第二十八条　违反本条例规定，用人单位弄虚作假，虚报安排残疾人就业人数，骗取集中使用残疾人的用人单位享受的税收优惠待遇的，由税务机关依法处理。

第六章　附则

第二十九条　本条例所称残疾人就业，是指符合法定就业年龄有就业要求的残疾人从事有报酬的劳动。

第三十条　本条例自2007年5月1日起施行。

附录三 《残疾人教育条例》（节选）

（1994年8月23日中华人民共和国国务院令第161号发布；根据2011年1月8日《国务院关于废止和修改部分行政法规的决定》修订；2017年1月11日国务院第161次常务会议修订通过）

第一章 总则

第一条 为了保障残疾人受教育的权利，发展残疾人教育事业，根据《中华人民共和国教育法》和《中华人民共和国残疾人保障法》，制定本条例。

第二条 国家保障残疾人享有平等接受教育的权利，禁止任何基于残疾的教育歧视。

残疾人教育应当贯彻国家的教育方针，并根据残疾人的身心特性和需要，全面提高其素质，为残疾人平等地参与社会生活创造条件。

第三条 残疾人教育是国家教育事业的组成部分。

发展残疾人教育事业，实行普及与提高相结合、以普及为重点的方针，保障义务教育，着重发展职业教育，积极开展学前教育，逐步发展高级中等以上教育。

残疾人教育应当提高教育质量，积极推进融合教育，根据残疾人的残疾类别和接受能力，采取普通教育方式或者特殊教育方式，优先采取普通教育方式。

第三章 职业教育

第二十七条 残疾人职业教育应当大力发展中等职业教育，加快发展高等职业教育，积极开展以实用技术为主的中期、短期培训，以提高就业能力为主，培养技术技能人才，并加强对残疾学生的就业指导。

第二十八条 残疾人职业教育由普通职业教育机构和特殊职业教育机构实施，以普通职业教育机构为主。

县级以上地方人民政府应当根据需要，合理设置特殊职业教育机构，改善办学条件，扩大残疾人中等职业学校招生规模。

第二十九条 普通职业学校不得拒绝招收符合国家规定的录取标准的残疾

人入学，普通职业培训机构应当积极招收残疾人入学。

县级以上地方人民政府应当采取措施，鼓励和支持普通职业教育机构积极招收残疾学生。

第三十条　实施残疾人职业教育的学校和培训机构，应当根据社会需要和残疾人的身心特性合理设置专业，并与企业合作设立实习实训基地，或者根据教学需要和条件办好实习基地。

第五章　普通高级中等以上教育及继续教育

第三十四条　普通高级中等学校、高等学校、继续教育机构应当招收符合国家规定的录取标准的残疾考生入学，不得因其残疾而拒绝招收。

第三十五条　设区的市级以上地方人民政府可以根据实际情况举办实施高级中等以上教育的特殊教育学校，支持高等学校设置特殊教育学院或者相关专业，提高残疾人的受教育水平。

第三十六条　县级以上人民政府教育行政部门以及其他有关部门、学校应当充分利用现代信息技术，以远程教育等方式为残疾人接受成人高等教育、高等教育自学考试等提供便利和帮助，根据实际情况开设适合残疾人学习的专业、课程，采取灵活开放的教学和管理模式，支持残疾人顺利完成学业。

第三十七条　残疾人所在单位应当对本单位的残疾人开展文化知识教育和技术培训。

第三十八条　扫除文盲教育应当包括对年满15周岁以上的未丧失学习能力的文盲、半文盲残疾人实施的扫盲教育。

第三十九条　国家、社会鼓励和帮助残疾人自学成才。

第七章　条件保障

第四十七条　省、自治区、直辖市人民政府应当根据残疾人教育的特殊情况，依据国务院有关行政主管部门的指导性标准，制定本行政区域内特殊教育学校的建设标准、经费开支标准、教学仪器设备配备标准等。

义务教育阶段普通学校招收残疾学生，县级人民政府财政部门及教育行政部门应当按照特殊教育学校生均预算内公用经费标准足额拨付费用。

第四十八条　各级人民政府应当按照有关规定安排残疾人教育经费，并将所需经费纳入本级政府预算。

县级以上人民政府根据需要可以设立专项补助款，用于发展残疾人教育。

地方各级人民政府用于义务教育的财政拨款和征收的教育费附加，应当有一定比例用于发展残疾儿童、少年义务教育。

地方各级人民政府可以按照有关规定将依法征收的残疾人就业保障金用于特殊教育学校开展各种残疾人职业教育。

第四十九条　县级以上地方人民政府应当根据残疾人教育发展的需要统筹规划、合理布局，设置特殊教育学校，并按照国家有关规定配备必要的残疾人教育教学、康复评估和康复训练等仪器设备。

特殊教育学校的设置，由教育行政部门按照国家有关规定审批。

第五十条　新建、改建、扩建各级各类学校应当符合《无障碍环境建设条例》的要求。

县级以上地方人民政府及其教育行政部门应当逐步推进各级各类学校无障碍校园环境建设。

第五十一条　招收残疾学生的学校对经济困难的残疾学生，应当按照国家有关规定减免学费和其他费用，并按照国家资助政策优先给予补助。

国家鼓励有条件的地方优先为经济困难的残疾学生提供免费的学前教育和高中教育，逐步实施残疾学生高中阶段免费教育。

第五十二条　残疾人参加国家教育考试，需要提供必要支持条件和合理便利的，可以提出申请。教育考试机构、学校应当按照国家有关规定予以提供。

第五十三条　国家鼓励社会力量举办特殊教育机构或者捐资助学；鼓励和支持民办学校或者其他教育机构招收残疾学生。

县级以上地方人民政府及其有关部门对民办特殊教育机构、招收残疾学生的民办学校，应当按照国家有关规定予以支持。

第五十四条　国家鼓励开展残疾人教育的科学研究，组织和扶持盲文、手语的研究和应用，支持特殊教育教材的编写和出版。

第五十五条　县级以上人民政府及其有关部门应当采取优惠政策和措施，支持研究、生产残疾人教育教学专用仪器设备、教具、学具、软件及其他辅助用品，扶持特殊教育机构兴办和发展福利企业和辅助性就业机构。

第八章　法律责任

第五十六条　地方各级人民政府及其有关部门违反本条例规定，未履行残疾人教育相关职责的，由上一级人民政府或者其有关部门责令限期改正；情节严重的，予以通报批评，并对直接负责的主管人员和其他直接责任人员依法给予处分。

第五十七条　学前教育机构、学校、其他教育机构及其工作人员违反本条例规定，有下列情形之一的，由其主管行政部门责令改正，对直接负责的主管人员和其他直接责任人员依法给予处分；构成违反治安管理行为的，由公安机关依法给予治安管理处罚；构成犯罪的，依法追究刑事责任：

（一）拒绝招收符合法律、法规规定条件的残疾学生入学的；

（二）歧视、侮辱、体罚残疾学生，或者放任对残疾学生的歧视言行，对残疾学生造成身心伤害的；

（三）未按照国家有关规定对经济困难的残疾学生减免学费或者其他费用的。

第九章　附则

第五十八条　本条例下列用语的含义：

融合教育是指将对残疾学生的教育最大程度地融入普通教育。

特殊教育资源教室是指在普通学校设置的装备有特殊教育和康复训练设施设备的专用教室。

第五十九条　本条例自2017年5月1日起施行。

附录四　《工伤保险条例》（节选）

第三章　工伤认定

第十四条　职工有下列情形之一的，应当认定为工伤：

（一）在工作时间和工作场所内，因工作原因受到事故伤害的；

（二）工作时间前后在工作场所内，从事与工作有关的预备性或者收尾性工作受到事故伤害的；

（三）在工作时间和工作场所内，因履行工作职责受到暴力等意外伤害的；

（四）患职业病的；

（五）因工外出期间，由于工作原因受到伤害或者发生事故下落不明的；

（六）在上下班途中，受到非本人主要责任的交通事故或者城市轨道交通、客运轮渡、火车事故伤害的；

（七）法律、行政法规规定应当认定为工伤的其他情形。

第十五条　职工有下列情形之一的，视同工伤：

（一）在工作时间和工作岗位，突发疾病死亡或者在48小时之内经抢救无效死亡的；

（二）在抢险救灾等维护国家利益、公共利益活动中受到伤害的；

（三）职工原在军队服役，因战、因公负伤致残，已取得革命伤残军人证，到用人单位后旧伤复发的。

职工有前款第（一）项、第（二）项情形的，按照本条例的有关规定享受工伤保险待遇；职工有前款第（三）项情形的，按照本条例的有关规定享受除一次性伤残补助金以外的工伤保险待遇。

第十六条　职工符合本条例第十四条、第十五条的规定，但是有下列情形之一的，不得认定为工伤或者视同工伤：

（一）故意犯罪的；

（二）醉酒或者吸毒的；

（三）自残或者自杀的。

第十八条　提出工伤认定申请应当提交下列材料：

（一）工伤认定申请表；

（二）与用人单位存在劳动关系（包括事实劳动关系）的证明材料；

（三）医疗诊断证明或者职业病诊断证明书（或者职业病诊断鉴定书）。

工伤认定申请表应当包括事故发生的时间、地点、原因以及职工伤害程度等基本情况。

工伤认定申请人提供材料不完整的，社会保险行政部门应当一次性书面告知工伤认定申请人需要补正的全部材料。申请人按照书面告知要求补正材料后，社会保险行政部门应当受理。

第四章　劳动能力鉴定

第二十一条　职工发生工伤，经治疗伤情相对稳定后存在残疾、影响劳动能力的，应当进行劳动能力鉴定。

第二十二条　劳动能力鉴定是指劳动功能障碍程度和生活自理障碍程度的等级鉴定。

劳动功能障碍分为十个伤残等级，最重的为一级，最轻的为十级。

生活自理障碍分为三个等级：生活完全不能自理、生活大部分不能自理和生活部分不能自理。

劳动能力鉴定标准由国务院社会保险行政部门会同国务院卫生行政部门等部门制定。

第五章　工伤保险待遇

第三十条　职工因工作遭受事故伤害或者患职业病进行治疗，享受工伤医疗待遇。

职工治疗工伤应当在签订服务协议的医疗机构就医，情况紧急时可以先到就近的医疗机构急救。

治疗工伤所需费用符合工伤保险诊疗项目目录、工伤保险药品目录、工伤保险住院服务标准的，从工伤保险基金支付。工伤保险诊疗项目目录、工伤保险药品目录、工伤保险住院服务标准，由国务院社会保险行政部门会同国务院卫生行政部门、食品药品监督管理部门等部门规定。

职工住院治疗工伤的伙食补助费，以及经医疗机构出具证明，报经办机构同意，工伤职工到统筹地区以外就医所需的交通、食宿费用从工伤保险基金支付，基金支付的具体标准由统筹地区人民政府规定。

工伤职工治疗非工伤引发的疾病，不享受工伤医疗待遇，按照基本医疗保险办法处理。

工伤职工到签订服务协议的医疗机构进行工伤康复的费用，符合规定的，从工伤保险基金支付。

第三十一条　社会保险行政部门作出认定为工伤的决定后发生行政复议、行政诉讼的，行政复议和行政诉讼期间不停止支付工伤职工治疗工伤的医疗费用。

第三十二条　工伤职工因日常生活或者就业需要，经劳动能力鉴定委员会确认，可以安装假肢、矫形器、假眼、假牙和配置轮椅等辅助器具，所需费用按照国家规定的标准从工伤保险基金支付。

第三十三条　职工因工作遭受事故伤害或者患职业病需要暂停工作接受工伤医疗的，在停工留薪期内，原工资福利待遇不变，由所在单位按月支付。

停工留薪期一般不超过12个月。伤情严重或者情况特殊，经设区的市级劳动能力鉴定委员会确认，可以适当延长，但延长不得超过12个月。工伤职工评定伤残等级后，停发原待遇，按照本章的有关规定享受伤残待遇。工伤职工在停工留薪期满后仍需治疗的，继续享受工伤医疗待遇。

生活不能自理的工伤职工在停工留薪期需要护理的，由所在单位负责。

第三十四条　工伤职工已经评定伤残等级并经劳动能力鉴定委员会确认需要生活护理的，从工伤保险基金按月支付生活护理费。

生活护理费按照生活完全不能自理、生活大部分不能自理或者生活部分不能自理3个不同等级支付，其标准分别为统筹地区上年度职工月平均工资的50%、40%或者30%。

第三十五条　职工因工致残被鉴定为一级至四级伤残的，保留劳动关系，退出工作岗位，享受以下待遇：

（一）从工伤保险基金按伤残等级支付一次性伤残补助金，标准为：一级伤残为27个月的本人工资，二级伤残为25个月的本人工资，三级伤残为23个月的本人工资，四级伤残为21个月的本人工资；

（二）从工伤保险基金按月支付伤残津贴，标准为：一级伤残为本人工资的90%，二级伤残为本人工资的85%，三级伤残为本人工资的80%，四级伤残为本人工资的75%。伤残津贴实际金额低于当地最低工资标准的，由工伤保险基金补足差额；

（三）工伤职工达到退休年龄并办理退休手续后，停发伤残津贴，按照国家规定享受基本养老保险待遇，基本养老保险待遇低于伤残津贴的由工伤保险基金补足差额。

职工因工致残被鉴定为一级至四级伤残的，由用人单位和职工个人以伤残津贴为基数，缴纳基本医疗保险费。

第三十六条　职工因工致残被鉴定为五级、六级伤残的，享受以下待遇：

（一）从工伤保险基金按伤残等级支付一次性伤残补助金，标准为：五级伤残为18个月的本人工资，六级伤残为16个月的本人工资；

（二）保留与用人单位的劳动关系，由用人单位安排适当工作。难以安排工作的，由用人单位按月发给伤残津贴，标准为：五级伤残为本人工资的70%，六级伤残为本人工资的60%，并由用人单位按照规定为其缴纳应缴纳的各项社会保险费。伤残津贴实际金额低于当地最低工资标准的，由用人单位补足差额。

经工伤职工本人提出，该职工可以与用人单位解除或者终止劳动关系。

第三十七条　职工因工致残被鉴定为七级至十级伤残的，享受以下待遇：

（一）从工伤保险基金按伤残等级支付一次性伤残补助金，标准为：七级伤残为13个月的本人工资，八级伤残为11个月的本人工资，九级伤残为9个月的本人工资，十级伤残为7个月的本人工资；

（二）劳动、聘用合同期满终止，或者职工本人提出解除劳动、聘用合同的，由工伤保险基金支付一次性工伤医疗补助金，由用人单位支付一次性伤残就业补助金。一次性工伤医疗补助金和一次性伤残就业补助金的具体标准由省、自治区、直辖市人民政府规定。

第三十八条　工伤职工工伤复发，确认需要治疗的，享受本条例第三十条、第三十二条和第三十三条规定的工伤待遇。

第三十九条　职工因工死亡，其近亲属按照下列规定从工伤保险基金领取丧葬补助金、供养亲属抚恤金和一次性工亡补助金：

（一）丧葬补助金为6个月的统筹地区上年度职工月平均工资；

（二）供养亲属抚恤金按照职工本人工资的一定比例发给由因工死亡职工生前提供主要生活来源、无劳动能力的亲属。标准为：配偶每月40%，其他亲属每人每月30%，孤寡老人或者孤儿每人每月在上述标准的基础上增加10%。核定的各供养亲属的抚恤金之和不应高于因工死亡职工生前的工资。供养亲属的具体范围由国务院社会保险行政部门规定；

（三）一次性工亡补助金标准为上一年度全国城镇居民人均可支配收入的20倍。

伤残职工在停工留薪期内因工伤导致死亡的，其近亲属享受本条第一款规定的待遇。

一级至四级伤残职工在停工留薪期满后死亡的，其近亲属可以享受本条第一款第（一）项、第（二）项规定的待遇。

第四十二条　工伤职工有下列情形之一的，停止享受工伤保险待遇：

（一）丧失享受待遇条件的；

（二）拒不接受劳动能力鉴定的；

（三）拒绝治疗的。

附录五 甘肃省劳动合同书范本

甲方（用人单位）名称：＿＿＿＿＿＿＿＿＿＿＿＿＿＿＿＿＿

单位性质：＿＿＿＿＿＿＿＿＿＿＿＿＿＿＿＿＿＿＿＿＿＿＿

地址：＿＿＿＿＿＿＿＿＿＿＿＿＿＿＿＿＿＿＿＿＿＿＿＿＿

法定代表人（主要负责人）：＿＿＿＿＿＿＿＿＿＿＿＿＿＿＿

乙方（劳动者）姓名：＿＿＿＿＿＿＿＿＿性别：＿＿＿民族：＿＿＿

户籍所在地：＿＿＿＿＿＿＿＿＿＿＿＿＿＿＿＿＿＿＿＿＿＿＿

现居住地址：＿＿＿＿＿＿＿＿＿＿＿＿＿＿＿＿＿＿＿＿＿＿＿

身份证号码：＿＿＿＿＿＿＿＿＿＿＿＿＿＿＿＿

根据《中华人民共和国劳动合同法》（以下简称劳动合同）及相关法律、法规的规定。甲乙方遵循合法、公平、平等、自愿、协商一致、诚实信用的原则订立本合同。

一、劳动合同期限

甲乙双方建立劳动关系的时间为：＿＿＿＿年＿＿＿＿月＿＿＿＿日。

第一条　经双方协商一致，本合同限期采取下列第＿＿种形式：

（一）固定期限：自＿＿年＿＿月＿＿日起至＿＿年＿＿月＿＿日止。其中试用期自＿＿年＿＿月＿＿日至＿＿年＿＿月＿＿日。

（二）无固定期限：自＿＿年＿＿月＿＿日起。其中，试用期自＿＿年＿＿月＿＿日至＿＿年＿＿月＿＿日。

（三）以完成一定工作任务为期限：自＿＿年＿＿月＿＿日起至任务完成时止。

二、工作内容和工作地点

第二条　甲方根据工作岗位的实际需要，安排乙方从事＿＿＿＿工作，工作地点为＿＿＿＿＿＿＿。甲乙双方可以签订岗位协议书，合理约定岗位具体职责。

第三条　乙方应按照甲方安排的工作内容及要求，认真履行岗位职责，按时完成工作任务，遵守甲方依法制定的规章制度。

三、工作时间和休息休假

第四条　甲方安排乙方执行第_____种工作制：

（一）标准工时工作制：乙方每日工作不超过八小时，每周不超过四十小时。

（二）综合计算工时工作制：平均日和平均周工作时间不超过法定标准工作时间。

（三）不定时工作制：甲方在保障职工身体健康并充分听取职工意见的基础上，应采用弹性工作时间等适当的工作和休息方式，确保职工的休息休假权利和生产、工作任务的完成。实行综合工时计算工时或者不定时工作制的，由甲方报劳动保障行政部门批准后实行。

第五条　甲方依法保证乙方的休息权利。乙方依法享受国家规定的节假日以及计划生育、带薪年休假等休假权利。

第六条　甲方严格执行劳动定额标准，不得强迫或者变相强迫乙方加班。确因生产经营需要，经与工会和乙方协商后可延长工作时间，一般每日不超过一小时。因特殊原因需延长工作时间的，在保障乙方身体健康的条件下，延长工作时间每日不超过三小时，每月不超过三十六小时。

四、劳动报酬

第七条　甲方结合本单位的生产经营特点和经济效益，依法确定本单位的工资分配制度。乙方的工资水平，按照本单位的工资分配制度，结合乙方的劳动技能、劳动强度、劳动条件、劳动贡献等确定，实行同工同酬。甲方支付给乙方的劳动报酬不得低于当地最低工资标准。

第八条　甲方按下列第_____种形式支付乙方工资。

（一）计时工资。乙方的工资标准为_____元/月（周），绩效工资（奖金）根据乙方实际劳动贡献确定。

（二）计件工资。乙方的劳动定额为_____，计件单价为_____。

（三）按照甲方依法制定的工资分配制度确定。乙方在试用期期间的工资标准为_____。

第九条　甲方于每月＿＿＿＿＿＿日前以法定货币足额支付乙方工资。如遇节假日或休息日，应提前到最近的工作日支付。甲方应书面记录支付乙方工资的时间、数额、工作天数、签字等情况，并向乙方提供工资清单。

第十条　甲方安排乙方延长工作时间或者法定节假日工作的，应依法按照国家相关规定向乙方支付加班工资；在休息日安排乙方加班的，应依法安排乙方补休或者向乙方支付加班工资。乙方应享受带薪年休假，单位确因工作需要不能安排职工休年休假的，经职工本人同意，可以不安排职工休年休假。对职工应休未休的年休假天数，单位应当按照该职工日工资收入的300%支付年休假工资报酬。

五、社会保险和福利待遇

第十一条　甲乙双方必须按照国家和省的有关社会保险的法律、法规和政策规定参加社会保险，依法足额缴纳各项社会保险费。其中，乙方负担的部分由甲方负责代扣代缴。

第十二条　在合同期内，乙方患病或非因工负伤，患职业病或因工负伤、生育、死亡等待遇，以及医疗期、孕期、产期、哺乳期的期限及待遇，按相关法律、法规、政策的规定执行。

第十三条　甲方为乙方提供以下补充保险和福利待遇：

1. ＿＿＿＿＿＿＿＿＿＿＿＿＿＿＿＿＿＿＿＿＿＿＿＿＿＿＿＿＿＿＿
2. ＿＿＿＿＿＿＿＿＿＿＿＿＿＿＿＿＿＿＿＿＿＿＿＿＿＿＿＿＿＿＿
3. ＿＿＿＿＿＿＿＿＿＿＿＿＿＿＿＿＿＿＿＿＿＿＿＿＿＿＿＿＿＿＿

六、劳动保护、劳动条件和职业危害防护

第十四条　甲方建立健全操作规程、工作规范和劳动安全卫生、职业危害防护制度，并对乙方进行相关培训。乙方在劳动过程中应严格遵守各项制度规范和操作规程。

第十五条　甲方为乙方提供符合国家规定的劳动安全卫生条件和必要的劳动防护用品。安排乙方从事有职业危害作业的，按规定定期为乙方进行健康检查。

第十六条　甲方对可能产生职业病危害的岗位，应当向乙方履行诚实告知

的义务，并对乙方进行劳动卫生安全教育，预防和减少职业危害。

第十七条　甲方违章指挥、强令冒险作业，危及乙方人身安全的，乙方有权拒绝。乙方对存在危害生命安全和身体健康的劳动条件，有权对用人单位提出批评、检举和控告。

七、劳动合同的履行、变更

第十八条　甲乙双方按照本合同的约定，依法、全面履行各自的义务。

第十九条　甲方变更名称、法人代表、主要负责人或者投资人等事项，不影响本合同的履行。

第二十条　甲方发生合并或者分立等情况，本合同继续有效，由承继甲方权利和义务的单位继续履行。

第二十一条　经甲乙双方协商一致，可以变更本合同约定的内容，并以书面形式确定。变更后的劳动合同甲乙双方各执一份。

八、劳动合同的解除、终止

第二十二条　甲乙双方解除、终止本合同，应当按照《中华人民共和国劳动合同法》的规定进行。

第二十三条　甲乙双方解除、终止本合同，符合《中华人民共和国劳动合同法》第四十六条规定情形的，甲方应依法向乙方支付经济补偿金。

第二十四条　甲方违法解除或者终止本合同，乙方要求继续履行本合同的，甲方应当继续履行；乙方不要求继续履行本合同或者本合同已经不能继续履行的，甲方应当依法按照经济补偿金标准的两倍向乙方支付赔偿金。乙方违法解除劳动合同，给甲方造成损失的，应当承担赔偿责任。

第二十五条　解除、终止本合同时，甲方应当依据有关法律法规等规定出具解除、终止劳动合同的证明，并在十五日内为乙方办理档案和社会保险转移手续。乙方应当按照双方约定，办理工作交接。应当支付经济补偿的，在办结工作交接时支付。

九、其他事项

第二十六条　甲方为乙方提供专项培训费用，对其进行专业技术培训的，双方可以订立专项协议，约定服务期。乙方违反服务期约定的，应当按照约定支付违约金。

第二十七条　乙方负有保密义务的，双方可以订立专项协议，约定竞业限制条款。乙方违反竞业限制约定的，应当按照约定支付违约金。给用人单位造成损失的，应当承担赔偿责任。

第二十八条　甲乙双方因履行本合同发生劳动争议，可以协商解决。协商不成的，可以依法申请仲裁、提起诉讼。

第二十九条　本合同未尽事宜，按国家和地方有关规定执行。

第三十条　本合同自甲乙双方签字或盖章之日起生效。本合同一式两份，甲乙双方各执一份。

第三十一条　以下协议作为本合同的附件：

第三十二条　双方约定的其他事项：＿＿＿＿＿＿＿＿＿＿＿＿＿＿＿＿＿

甲方（公章）：　　　　　　　　乙方（签字或盖章）：

法定代表人（主要负责人）：

年　　月　　日

附录六 相关就业网站

中国就业网：http：//www.chinajob.gov.cn/

中国残疾人联合会：http：//www.cdpf.org.cn/

中国残疾人联合会就业服务指导中心：http：//www.cdpes.org.cn/

爱博招聘网：http：//www.jobcdp.com/

残疾人就业促进网：http：//www.cjrjob.cn/

甘肃省残疾人联合会：http：//www.gsdpf.org.cn/

甘肃省人力和社会资源保障厅：http：//www.rst.gansu.gov.cn/

兰州市残疾人联合会：http：//www.lzcl.gov.cn/

西北人才网：http：//www.xbrc.com.cn/

陇上人才网：http：//www.longshangrc.com/

西安市残疾人就业信息网：http：//www.xacjrjy.org/

杭州市残疾人服务网：http：//www.hzcl.org.cn/default.aspx